高校土木工程专业规划教材

道路工程测量实验实习指导

李 超 编

中国建筑工业出版社

图书在版编目（CIP）数据

道路工程测量实验实习指导/李超编. —北京：中国建筑工业出版社，2015.9
高校土木工程专业规划教材
ISBN 978-7-112-18324-1

Ⅰ.①道… Ⅱ.①李… Ⅲ.①道路测量-高等学校-教学参考资料 Ⅳ.①U412.24

中国版本图书馆 CIP 数据核字（2015）第 175852 号

《道路工程测量实验实习指导》系根据道路工程测量教学大纲和道路工程测量课程综合实习大纲内容编写的，遵照理论联系实际的原则，突出了其实用性、先进性、创新性和与时俱进性。本书内容涉及工程测量实验一般要求、水准测量、角度测量、距离测量、控制测量、全站仪、工程测量、综合工程测量实习指导等 8 个部分，包括 13 个基本实验项目、7 个工程测量分解实验项目和 1 个道路工程测量综合实验实施方案。每个实验项目内容包括基本理论、操作方法以及实验用报告图表等，对于测量实验的有效开展具有良好的指导作用。各专业在使用本书时可根据学时数选择实验项目和内容来完成，或根据教学内容和仪器设备条件灵活安排。

本书可与同样由中国建筑工业出版社出版的《道路工程测量》（ISBN 978-7-112-17638-0）一书配合使用。

* * *

责任编辑：王　磊
责任设计：李志立
责任校对：陈晶晶　姜小莲

高校土木工程专业规划教材
道路工程测量实验实习指导
李超　编

*

中国建筑工业出版社出版、发行（北京西郊百万庄）
各地新华书店、建筑书店经销
北京红光制版公司制版
北京市安泰印刷厂印刷

*

开本：787×1092 毫米　1/16　印张：7¼　字数：178 千字
2015 年 8 月第一版　2015 年 8 月第一次印刷
定价：**20.00** 元
ISBN 978-7-112-18324-1
（27566）

版权所有　翻印必究
如有印装质量问题，可寄本社退换
（邮政编码 100037）

前　言

　　我国交通基础设施飞速发展，道路工程量巨大，需要大量的道路与桥梁工程专业人才。工程测量是道路与桥梁专业的主干专业课程，经历了一个较长的发展历程，已具备较为完善的知识结构体系和相对成熟的教学模式。然而，随着工程教育由科学化模式向技术化模式转变，其传统知识结构与教学模式存在诸多与工程教育发展趋势不相适应之处。

　　为了使人才培养模式更好的适应经济社会发展的需求，本书以测量学为基本理论依据，以道路工程建设为主线，系统详细的介绍道路工程测量相关的实验项目，主要内容涉及水准测量、角度测量、距离测量与直线定向、测量误差、全站仪及其操作、小地区控制测量、大比例尺地形图的绘制、道路中线测量、道路纵、横断面测量、道路施工测量等。本书由山东交通学院李超博士独立撰写，力求反映道路工程测量最新规范的内容，在讲清基础知识的同时，反映新技术的应用，重视实践技能的培养和基础知识应用能力的训练。采用项目化体例编写，按照知识体系编写每个实验项目。项目内分为知识和任务两个部分，知识为必要基础知识以及实验方法的介绍，任务为从实际工程问题中抽象出来的某项实验。各实验项目后附有实验报告以及实验数据记录表等相关资料。

　　本书的出版受山东省自然科学基金项目（ZR2012EEL29）、山东省高等学校科技计划项目（J12LG04）、山东交通学院教育研究与教学改革项目（JG201310）和山东省特色专业建设专项经费的资助，在此一并表示衷心感谢。

　　由于编者水平有限，书中难免有不妥之处，恳请有关专家和读者提出宝贵建议，以便进一步改善。

目 录

第一部分　工程测量实验一般要求 ··· 1
第二部分　水准测量 ··· 3
　实验一　水准仪的认识及使用 ··· 3
　实验二　普通水准测量 ··· 9
　实验三　水准仪的检验与校正 ··· 14
　实验四　自动安平水准仪的认识与使用 ··· 18
第三部分　角度测量 ··· 21
　实验五　DJ_2 型光学经纬仪的认识与使用 ·· 21
　实验六　水平角的观测 ··· 25
　实验七　竖直角的观测 ··· 30
第四部分　距离测量 ··· 33
　实验八　钢尺量距与直线定向 ··· 33
　实验九　视距测量 ··· 37
第五部分　控制测量 ··· 39
　实验十　导线测量 ··· 39
　实验十一　四等水准测量 ··· 45
第六部分　全站仪 ··· 49
　实验十二　全站仪的认识与使用 ··· 49
　实验十三　全站仪坐标测量及放样 ··· 52
第七部分　工程测量 ··· 55
　实验十四　经纬仪测图 ··· 55
　实验十五　圆曲线主点测设 ··· 60
　实验十六　切线支距法测设圆曲线 ··· 63
　实验十七　偏角法测设圆曲线 ··· 68
　实验十八　带缓和曲线平曲线主点测设 ··· 73
　实验十九　切线支距法测设带缓和曲线的平曲线 ··· 78
　实验二十　偏角法测设带缓和曲线的平曲线 ··· 84
第八部分　综合工程测量实习指导 ··· 90
　第一节　测量教学实习的特点与实习方案的制订 ··· 90
　第二节　测量教学实习的准备工作 ··· 94
　第三节　图根控制测量 ··· 97
　第四节　地形图测绘 ··· 102
　第五节　路线设计与测量 ··· 105
　第六节　测量教学实习的技术总结 ··· 107
附件　测量实习技术总结报告 ··· 109

第一部分　工程测量实验一般要求

道路工程测量的理论教学、实验教学和实习教学是本课程的三个重要的教学环节。坚持理论与实践的紧密结合，认真进行测量仪器的操作应用和测量实践训练，才能真正掌握道路工程测量的基本原理和基本技术方法。

一、工程测量实验目的

1. 验证、巩固课堂所学的知识。
2. 熟悉测量仪器的构造和使用方法，培养学生进行测量工作的基本操作技能，使学到的理论与实践紧密结合。

二、工程测量实验一般要求

1. 在实验或实习课前，应复习教材中的有关内容，认真仔细地预习实验或实习指导书，明确目的要求、方法步骤及注意事项，以保证按时完成实验和实习任务中的相应项目。
2. 实习分小组进行，组长负责组织和协调实习工作，办理仪器工具的借领和归还手续。每人都必须认真、仔细地操作，培养独立的工作能力和严谨的科学态度，同时要发扬互相协作精神。实验或实习应在规定时间内进行，不得无故缺席或迟到早退；不得擅自改变地点或离开现场。实习或实验过程中或结束时，发现仪器工具有遗失、损坏情况，应立即报告指导老师，同时要查明原因，根据情节轻重，给予适当赔偿和处理。
3. 在实验中认真地观看指导老师进行的示范操作，在实验过程中严格按操作规则进行仪器操作。
4. 实验或实习结束时，应提交书写工整、规范的实验报告和实习记录，清点交还仪器工具，结束工作。

三、测量仪器使用规则

测量仪器是精密光学仪器，或是光、机、电一体化的贵重设备，对仪器的正确使用，精心爱护和科学保养，是测量人员必须具备的素质，也是保证测量成果的质量、提高工作效率的必要条件。在使用测量仪器时应养成良好的工作习惯，严格遵守下列规则。

1. 仪器的携带

携带仪器前，检查仪器箱是否扣紧，拉手和背带是否牢固。

2. 仪器的安装

（1）安放仪器的三脚架必须稳固可靠，特别注意伸缩腿稳固。

（2）从仪器箱提取仪器时，应先松开制动螺旋，用双手握住仪器支架或基座，放到三脚架上。一手握住仪器，一手拧连接螺旋，直至拧紧。

（3）仪器取出后，应关好箱盖，不准在仪器箱上坐人。

3. 仪器的使用

（1）仪器安装在三脚架上之后，无论是否观测，观测者都必须守护仪器。

（2）阳光强烈时，应撑伞给仪器遮阳。雨天禁止使用仪器。

（3）仪器镜头上的灰尘、污痕，只能用软毛刷和镜头纸轻轻擦去。不能用手指或其他物品擦，以免磨坏镜面。

（4）转动仪器时应先松开制动螺旋，再平稳转动。使用微动螺旋时，应先旋紧制动螺旋。

（5）使用仪器进行观测前应合理调整各部分螺旋，制动螺旋应松紧适度，微动螺旋和脚螺旋应居中设置，保留双向旋转余地。

4. 仪器的搬迁

（1）贵重仪器或搬站距离较远时，必须把仪器装箱后再搬。

（2）水准仪近距离搬站，先检查连接螺旋是否旋紧，松开各制动螺旋，收拢三脚架，一手握住仪器基座或照准部，一手抱住脚架，稳步前进。

5. 仪器的装箱

（1）从三脚架取下仪器时，先松开各制动螺旋，一手握住仪器基座或支架，一手拧松连接螺旋，双手从架头上取下装箱。

（2）在箱内将仪器正确就位后，拧紧各制动螺旋，关箱扣紧。

四、外业记录规则

1. 各项记录必须直接记入规定的表格内，不准另以纸条记录事后誊写，凡记录表格上规定应填写的项目不得空白，记录与计算均应用绘图铅笔2H或3H记载。

2. 观测者读数后，记录者应在记录的同时回报读数，以防听错、记错。记录的数据应写齐规定的字数，表示精度或占位的"0"均不能省略。如水准尺读数1.43m应记作1.430m，角度读数35°7′2″应记作35°07′02″。

3. 禁止擦拭、涂改。记录数字若有错误应在错误数字上划一斜杠，将改正数据记在原数上方。所有记录的修改和观测成果的淘汰，必须在备注栏注明原因，如测错、记错或超限等。

4. 原始观测数据的尾数部分不准更改，该部分观测废去重测。废去重测的范围如表1-1所示。

观测数据中不准更改与重测的范围　　　　　　　　表1-1

测量种类	不准更改的部位	应重测的范围
角度测量	分和秒的读数	一测回
距离测量	厘米和毫米的读数	一尺段
水准测量	厘米和毫米的读数	一测站

5. 禁止连续更改，如水准测量的黑、红读数，角度测量中的盘左、盘右读数，距离测量中的往、返读数等，均不能同时更改，否则重测。

6. 数据计算时，应根据所取位数按4舍6入，5前单进双舍的规则进行凑整。例如，若取至毫米则1.4564m、1.4556m、1.4565m、1.4555m都应记为1.456m。

7. 每测站观测结束后，必须在现场完成规定的计算和检核，确认无误后方可迁站。

第二部分 水 准 测 量

实验一 水准仪的认识及使用

一、实验目的
1. 了解水准仪的构造及各调节螺旋的作用。
2. 正确地使用水准仪测定高差。

二、实验仪器
DS_3型水准仪 1 台、S_3型自动安平水准仪 1 台、水准尺 1 对、尺垫 1 对、铅笔、草稿纸。

三、实验原理
水准测量的原理：根据已知点高程，利用水准仪提供的水平视线，测量地面高程已知点和未知点之间的高差，从而推算未知点的高程。水准测量的方法主要有高差法和视线高法两种。

1. 高差法

主要通过测量两点间的高差推算未知点高程，适用于单点高程的测量。测量原理如图 2-1 所示，其中 A 为已知高程点，B 为未知高程点，计算公式：

$$h_{AB} = a - b$$
$$H_B = H_A + h_{AB} = H_A + (a - b)$$

式中：h_{AB} 为 A、B 间的高差，a 为后视读数，b 为前视读数，H_A 为 A 点高程，H_B 为 B 点高程。

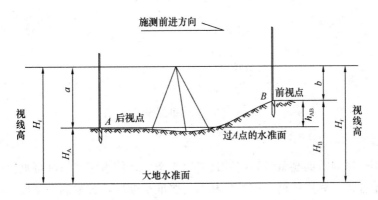

图 2-1 水准测量原理

2. 视线高法

首先计算水准仪的视线高，再由水准仪视线高减去各待测点水准尺的前视读数推算待测点高程，适用于多点高程的测量。测量原理如图 2-1 所示，计算公式：
$$H_i = H_A + a$$
$$H_B = H_i - b$$

其中，H_i 为水准仪的视线高。

四、实验步骤

1. 指导教师讲解水准仪的构造及技术操作方法。
2. 水准仪操作

（1）安置脚架

三脚架头应大致水平。架头如不水平，应固定两条脚，调整第三条脚，直到架头大致水平，踩实脚架。地面倾斜较大时，应将一个脚安置在倾斜方向上，将另外两个脚安置在与倾斜方向垂直的方向上。

（2）粗平

水准仪的粗平主要以圆水准器为依据，当圆水准器气泡居中时，仪器概略水平。圆水准器气泡居中调节方法：

先将仪器用连接螺栓固定在三脚架上，踏实两脚，调整另一脚使圆水准器气泡概略居中。

转动脚螺旋使气泡居中。脚螺旋的旋转方向与气泡移动方向之间的关系如图 2-2 所示，气泡移动的方向与左手大拇指旋转时的移动方向一致。

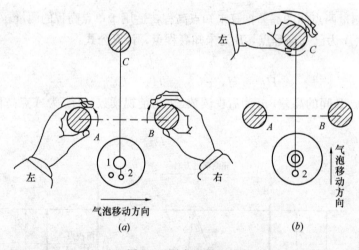

图 2-2　圆水准器整平

（3）瞄准

首先用望远镜对着明亮背景，转动目镜对光螺旋，使十字丝清晰可见。然后松开制动螺旋，转动望远镜，利用镜筒上的准星和照门照准水准尺，旋紧制动螺旋。在望远镜中发现目标后，调节物镜调焦螺旋，使尺像清晰，然后用微动螺旋准确瞄准。眼睛上、下晃动，十字丝交点总是指在标尺物像的一个固定位置，即无视差现象，如图 2-3（a）所示。如果十字丝交点所指位置与标尺物像相对移动，即存在视差，如图 2-3（b）所示，应通过反复调节目镜调焦螺旋和物镜调焦螺旋加以消除。

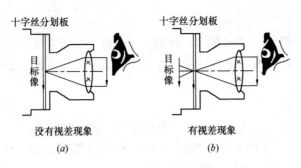

图 2-3　水准仪视差示意图

（4）精平

用微倾螺旋调整水准管气泡居中，使视线精确水平。转动微倾螺旋使管水准器的符合水准气泡两端的影像符合。注意：转动微倾螺旋不宜太快，微倾螺旋转动方向与符合水准气泡左侧影像移动方向一致，如图 2-4 所示。

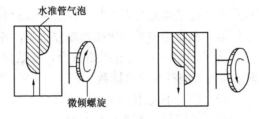

图 2-4　水准仪精平调节

（5）读数

仪器精平后应立刻用十字丝的中丝在水准尺读数。读数应根据从小到大的原则进行，先估读毫米，再全部读出。一般用十字丝中丝读取米、分米、厘米、估读出毫米位数字，并用铅笔记录。如图 2-5 所示，十字丝中丝的读数为 0907mm（或 0.907m）；十字丝下丝的读数为 0989mm（或 0.989m）；十字丝上丝的读数为 0825mm（或 0.825m）。

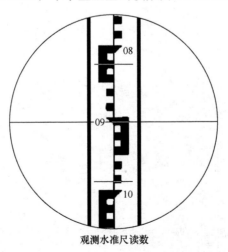

图 2-5　水准仪读数视窗

3. 高差的测定

在地面上选择相距 40~50m 的 A、B 两点，安放尺垫后立尺。将水准仪安置在 A、B 两点等距离处，整平圆气泡，瞄准后视尺 A 精平读数 a，再瞄准前视尺 B 精平读数 b。

则高差 $h=a-b$

五、数据记录与处理

通常采用两次仪器高法或双面尺法，以检查每一测站的高差。

1. 两次仪器高法：在两水准尺间两次安置水准仪测量高差。如果两次高差不大于 ±5mm，则取两次平均值作为这一测站的高差。

2. 双面尺法：在同一测站分别用水准尺黑面和红面两次测量高差。双面尺的黑面尺底部从零向上注记，而红面尺底部从某一常数向上注记。在每一站上，不变仪器高，分别读取黑面尺的前、后视读数，得高差 $h_{黑}$，和读取红面尺的前、后视读数，得高差 $h_{红}$，若两高差之差不超过 ±5mm，则取两高差的平均值作为该测站的高差。

六、注意事项

1. 安置仪器时应将仪器中心连接螺旋拧紧，防止仪器从脚架上脱落下来。
2. 水准仪为精密光学仪器，在使用中要按照操作规程作业，各个螺旋要正确使用。
3. 在读数前务必将水准器的符合水准气泡严格符合，读数后应复查气泡符合情况，如出现气泡错开，应立即重新将气泡符合后再读数。
4. 转动各螺旋时要稳、轻、慢，不能用力太大。
5. 发现问题，及时向指导教师汇报，不能自行处理。
6. 水准尺必须有人扶着，决不能立在墙边或靠在电杆上，以防摔坏水准尺。
7. 螺旋转到头要返转回来少许，切勿继续再转，以防脱扣。

七、实验报告的格式及撰写要求

填写实验报告。

实 验 报 告 一

日期：　　　　班级：　　　　组别：　　　　姓名：　　　　学号：

实验题目		成绩	
实验目的			

1. 标明水准仪部件名称

2. 用箭头标明如何调节脚螺旋才能使圆水准器气泡居中

3. 什么是视差？产生视差的原因是什么？怎样消除视差？

4. 实验总结

水准仪的认识与使用观测练习记录表

班级、小组_____ 仪器号_____ 观测员_____ 记录员_____

点名	后视读数	前视读数	高　差	备　注
1				
2				
3				
4				
5				
6				
7				
8				

实验二　普通水准测量

一、实验目的
1. 正确地掌握普通水准测量一个测站的工作程序及施测方法。
2. 正确地掌握水准仪的观测、记录、计算及成果校核。

二、实验仪器
DS_3 型水准仪 1 台、水准尺 1 对、尺垫 1 对、记录板 1 块。

三、实验原理
水准测量是利用水平视线来求得两点的高差。

基本测法：如图 2-6 所示，从已知高程点 A 出发，测出 A 点到 B 点的高程之差，即高差 h_{AB}，则 B 点高程 H_B 为：$H_B = H_A + h_{AB}$

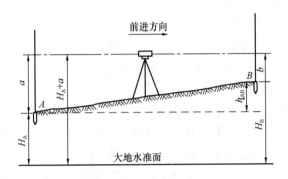

图 2-6　水准测量原理

在 A、B 两点上各立一根尺子（水准尺），在 A、B 之间安置一架可以得到水平视线的仪器（水准仪），由水平视线在尺子上读数，分别为后视读数 a、前视读数 b，则两点的高差 $h_{AB} = a - b$。这其中的关键是水准仪能够给出水平视线。

注意：

1. 高差 h_{AB} 本身可正可负，当 a 大于 b 时 h_{AB} 为正，此时 B 点高于 A 点；当 a 小于 b 时 h_{AB} 为负，即 B 点低于 A 点。

2. 高差 h_{AB} 的书写其下标的次序是固定的，不能随意变换，h_{AB} 表示从 A 到 B 的高差，A 为后视点，B 为前视点；h_{BA} 则表示从 B 到 A 的高差，A 为前视点，B 为后视点。

四、实验步骤

1. 择定一闭合水准路线，其长度以 4～6 个测站为宜。确定起点及水准路线前进方向，并假定起点高程 H_0。

2. 沿选定的水准路线逐站进行观测，测量时，每个测站可采用变更仪器高法进行校核。该法在测站观测中获得一次高差观测值 h' 之后，变动水准仪的高度再进行二次高差观测，获得新的高差观测值 h''，然后取两个高差的平均值作为本站高差。

3. 每个测站的观测过程：观测者首先应整平仪器，然后照准后视尺，对光、调焦、消除视差。慢慢转动微倾螺旋，将管水准器的气泡严格符合后，读取中丝读数，记录员将读数记入记录表中。紧接着照准前视尺，用同样的方法读取前视读数。记录员记录前、后视读数后，应立即计算本站高差。

4. 测完一站，搬仪器至下一站，前视尺不动，变为下一测站的后视尺，原后视尺前移作为该测站的前视尺。

5. 计算校核$\sum a_i - \sum b_i = \sum h_i$，若等式成立说明计算无误。

6. 计算校核该闭合水准路线的闭合差$f_h = \sum h_i$，如果：$f_h < f_{h容}$，说明测量结果符合要求，即可算出各立尺点高程。否则，说明观测结果不符合精度要求，需进行重测。

五、数据记录与处理

1. 高差闭合差及其允许值的计算。
2. 高差闭合差f_h：实测高差与水准路线理论高差之间的差值。
    (1) 附合水准路线：$f_h = \sum h_{测} - (H_{终} - H_{始})$
    (2) 闭合水准路线：$f_h = \sum h_{测}$
    (3) 支水准路线：$f_h = \sum h_{往} - \sum h_{返}$
3. 高差闭合差的容许值$f_{h容}$

平地：$f_{h容} = \pm 40\sqrt{L}$，单位"mm"，L为水准路线长度，以"km"计；

山地：$f_{h容} = \pm 12\sqrt{n}$，单位"mm"，n为测站总数。

4. 精度要求：$f_h < f_{h容}$。
5. 高差闭合差的分配和高程的计算。

当实际的高程闭合差在容许值以内时，可把闭合差分配到各测段的高差上。显然，高程测量的误差是随水准路线的长度或测站数的增加而增加的，所以分配的原则是把闭合差以相反的符号根据各测段路线的长度或测站数按比例分配到各测段的高差上。故各测段高差的改正数为：

$$v_i = -\frac{f_h}{\sum n} \cdot n_i \qquad 或 \qquad v_i = -\frac{f_h}{\sum L} \cdot L_i$$

式中，v_i为改正数，n_i为每一测段的测站数，L_i为每个测段的长度（km）。

六、注意事项

1. 每次读数前必须检查符合气泡是否居中（精平）；
2. 各站进行变更仪器高法观测，两次读数的高差不大于5mm时，后视尺才可移尺，前视尺原地不动；
3. 迁站时按要求搬拿仪器，注意仪器安全；
4. 观测时，站点的设立应使前、后视距大致相等；
5. 中丝读数应读至毫米。

七、实验报告的格式及撰写要求

1. 填写实验报告。
2. 整理提交闭合水准路线记录表与计算表。

实 验 报 告 二

日期：　　　　班级：　　　　组别：　　　　姓名：　　　　学号：

实验题目		成绩	
实验目的			

1. 闭合水准路线示意图

2. 水准测量测站操作的步骤

3. 实验总结

11

水准测量记录表

日　期_____　　仪　器_____　　观　测_____

天　气_____　　地　点_____　　记　录_____

测点	水准尺读数		高差（m）		高　程 (m)	备注
	后视 (a)	前视 (b)	+	−		
计算校核	Σ					
	$\Sigma a_i - \Sigma b_i =$		$\Sigma h_i =$			

12

水准路线高差调整与高程计算表

点 号	距 离 (m)	测站数 (个)	测得高差 (m)	高差改正数 (mm)	改正后高差 (m)	高 程 (m)	备 注
$f_h =$			$f_{h容} =$				

实验三　水准仪的检验与校正

一、实验目的
1. 了解水准仪各轴线间的几何关系。
2. 掌握水准仪的检验方法。
3. 了解水准仪的校正方法。

二、实验仪器
DS_3型水准仪1台、水准尺1对、校正工具。

三、实验步骤
1. 圆水准器的检验和校正

1) 检验目的

使 $L'L'//VV$。

2) 检验方法

（1）轻动脚螺旋使圆水准气泡精密居中。

（2）将仪器转动180°，若气泡仍居中，说明仪器的该精度满足要求，否则应进行校正。

3) 校正方法

（1）旋转脚螺旋使气泡向中心移动偏距的一半。

（2）用校正针拨圆水准器底下的三个校正螺旋，使气泡居中。

（3）检验和校正反复进行，直至仪器转到任何方向，气泡都居中为止。

2. 十字丝横丝的检验校正

1) 检验目的

仪器整平后，使十字丝的横丝呈水平，竖丝呈竖直。

2) 检验方法

（1）将水准仪精密置平，在望远镜中用横丝对准某一点状标志 P，旋紧制动螺旋。

（2）缓缓转动微动螺旋，如果标志 P 离开横丝，表明横丝不平；微动时，如果标志始终在横丝上移动，则表明横丝水平（图2-7）。

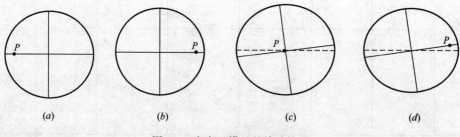

图2-7　十字丝横丝的检验校正

3) 校正方法

（1）取下护盖，松开四个十字丝的固定螺栓，按十字丝倾斜方向的反方向微微转动十字丝环。

（2）校正后重复检验，直到满足要求。

（3）将固定螺栓拧紧，旋回护盖。

3. 水准管轴的检验和校正

1）检验目的

使水准管轴平行于视准轴（$LL//CC$）。

2）检验方法

（1）在平坦的地面上选定相距100m左右的A、B两点，加放尺垫。

（2）将水准仪置于与A、B等距离处的C点上。

（3）用变更仪高法两次测定A、B两点间的高差。如两次高差相差小于3mm，则取其平均值作为正确高差，$h_{AB}=a_1-b_1$。

（4）将仪器搬至距B点3～5m处（图2-8），使望远镜照准近尺B，精平仪器后读取中丝读数b_2。

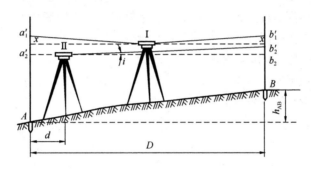

图2-8 水准管轴的检验和校正

（5）计算尺A上的正确读数a_2。

$$a_2'=b_2-h_{AB}$$

（6）照准远尺A，调整微倾螺旋，使水准仪横丝对准A尺上的读数a_2。此时，如果水准管气泡居中，即符合气泡影像符合，则说明视准轴平行于水准管轴。否则应进行校正。

3）校正方法

（1）转动微倾螺旋，使中丝在A尺上的读数为a_2'。此时视准轴水平，而水准管气泡不居中。

（2）先用校正针松开水准管左右校正螺旋，然后拨动上下校正螺旋，直到符合气泡居中为止。

（3）水准仪校正后，利用变动仪高法再次进行检验，若高差之差符合要求，则校正合格。

四、注意事项

1. 严格控制测量误差。

（1）水准管气泡居中的误差：

水准管气泡居中的误差可取水准管分划值的0.1倍，此时它在读数上引起的误差：

$m_{居中}=\dfrac{0.1\tau}{\rho}s$，采用附合水准器时，$m_{居中}=\dfrac{0.1\tau}{2\rho}s$，其中 s 为视线长。设水准管的分划值 $\tau=20''$，距离 $s=100\mathrm{m}$，则它对读数的误差影响约为 1mm。

（2）水准尺估读误差：

毫米值是估读的，其准确程度与厘米间隔的像的宽度及十字丝的粗细有关。此项误差与望远镜的放大率和视距长度有关。

（3）水准尺竖立不直误差：

水准尺竖立不直，会导致读数偏大。这项误差的影响是系统性的，无论前视还是后视都会使读数偏大，在高差计算时会抵消一部分，但与高差总和的大小成正比，即水准路线的高差愈大，影响愈大。

2. 水准管校正螺栓比较敏感，在拨动螺栓时要"慢、稳、均"。

3. 各项检验和校正的顺序不能颠倒。同时，各项检校都需要重复进行，直到符合要求为止。

4. 对 100m 长的视距，一般要求是检验远尺的读数与计算值之差不大于 3～5mm。

5. 每项检校完毕都要拧紧各个校正螺栓，上好护盖，以防脱落。

6. 校正后，应再作一次检验，看其是否符合要求。

五、实验报告的格式及撰写要求

1. 写出一测站观测操作步骤。

2. 提供测量实验检测成果（表格）。

实 验 报 告 三

日期：　　　　班级：　　　　组别：　　　　姓名：　　　　学号：

实验题目	微倾式水准仪的检验与校正	成绩	
实验目的			

1. 水准测量应进行哪些检核？有哪些检核方法？

2. 进行水准测量时应注意哪些事项？为什么？

3. 水准管轴平行于视准轴的检校记录

仪器位置	项目	第一次	第二次
在 A、B 两点中间置仪器测高差	后视 A 点尺上读数 a_1		
	前视 B 点尺上读数 b_1		
	$h_{AB}=a_1-b_1$		
在 B 点附近置仪器进行检校	A 点尺上读数 a_2		
	B 点尺上读数 b_2		
	计算 $a_2'=b_2-h_{AB}$		
	计算偏差值 $\Delta a=a_2'-a_2$		
	是否需要校正		

水准管轴平行于视准轴的检校图示：

实验四 自动安平水准仪的认识与使用

一、实验目的

1. 认识自动安平水准仪的构造和原理。
2. 了解自动安平水准仪各螺旋的名称和作用。
3. 掌握自动安平水准仪的操作方法。

二、实验仪器

自动安平水准仪1台、水准尺1对、尺垫1对、其他记录工具。

三、实验步骤

1. 由指导老师讲解自动安平水准仪的构造、安置和操作方法。
2. 将水准仪安置在三脚架上，调节脚螺旋，使圆水准器气泡居中。
3. 用望远镜照准水准尺进行对光、调焦，消除视差。
4. 观察十字丝分划板影像，用手轻按"补偿器"检验按钮，检验"补偿器"工作性能。如果十字丝刻划有摆动且能很快恢复原读数，则说明"补偿器"工作性能正常，或者用手轻轻按动目镜下面的按钮机构，观察望远镜内目标影像是否移动，如果移动说明"补偿器"处于正常工作状态。
5. 进行读数练习，读数方法与DS_3型微倾式水准仪相同。

四、注意事项

1. 在读数前必须检查补偿器，看其是否处于正常工作状态。
2. 其他注意事项与实验一中所讲的注意事项相同。

五、自动安平水准仪补偿器性能的检验

1. 检验原理

自动安平水准仪补偿器的作用是：当视准轴倾斜时（即在"补偿器"的允许范围内，气泡中心不超过分划圈的范围），能在十字丝上读得水平视线的读数。检验"补偿器"性能的一般原理是：安置仪器时有意使其竖轴略微偏离竖直方向，并测定两点间的高差，使之与正确高差相比较。如果"补偿器"的补偿功能正常，无论视线下倾或上倾，都可读得视线水平时的正确读数，因此测得的高差亦是A、B两点间的正确高差；如果"补偿器"性能不正常，由于前、后视的倾斜方向不一致，视线倾斜产生的读数误差就不能在高差计算中抵消。因此，测得的高差将与正确的高差有明显差异。

2. 检验方法

在较平坦的地方选择相距100m左右的A、B两点，在A、B点各钉入一木桩（或用尺垫代替），将水准仪置于A、B连线的中点，并使①、②两个脚螺旋的连线与AB方向一致，如图2-9所示。

(1) 首先用圆水准器将仪器置平，测出A、B两点间的高差h_{AB}，以此值作为正确高差。

(2) 升高第③个脚螺旋，使仪器向左（或向右）倾斜，测出A、B两点间的高差$h_{AB左}$。

(3) 降低第③个脚螺旋，使仪器向右（或向左）倾斜，测出A、B两点间的高

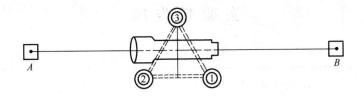

图 2-9 自动安平水准仪补偿器性能检验

差 $h_{AB右}$。

（4）升高第③个脚螺旋，使圆水准器气泡居中。

（5）升高第①个脚螺旋，使后视时望远镜向上（或向下）倾斜，测出 A、B 两点间的高差 $h_{AB上}$。

（6）降低第①个脚螺旋，使后视时望远镜向下（或向上）倾斜，测出 A、B 两点间的高差 $h_{AB下}$。

无论向哪个方向倾斜，仪器的倾斜角度均由水准器气泡位置确定。四次倾斜的角度相同，一般取补偿器所能补偿的最大角度。

将 $h_{AB左}$、$h_{AB右}$、$h_{AB上}$、$h_{AB下}$ 相比较，视其差数确定补偿器的性能。对于普通水准测量，此差数一般应小于 5mm。补偿器的校正可按仪器使用说明书上指明的方法和步骤进行。

六、实验报告的格式及撰写要求

每人提交实训报告一份。

实 验 报 告 四

日期：　　　　班级：　　　　组别：　　　　姓名：　　　　学号：

实验题目	自动安平水准仪的认识与使用	成绩	
实验目的			

1. 叙述自动安平水准仪测量高差的操作步骤

2. 自动安平水准仪较微倾式水准仪具备哪些优势？

3. 实验总结

第三部分　角　度　测　量

实验五　DJ₂型光学经纬仪的认识与使用

一、实验目的
1. 认识经纬仪的组成、构造和原理及用途。
2. 了解经纬仪各螺旋的名称和作用。
3. 掌握经纬仪的读数方法和操作全过程。

二、实验仪器
DJ₂型光学经纬仪 1 台；花杆 2 根；测钎 2 个。

三、DJ₂型光学经纬仪（图 3-1）

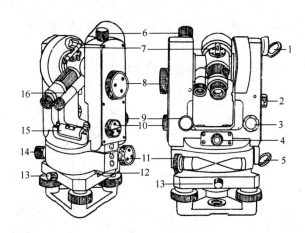

图 3-1　DJ₂型光学经纬仪

1—竖盘照明镜；2—竖盘水准管观察镜；3—竖盘水准管微动螺旋；4—光学对中器；5—水平度盘照明镜；6—望远镜制动螺旋；7—光学瞄准器；8—测微轮；9—望远镜微动螺旋；10—换像手轮；11—照准部微动螺旋；12—水平度盘变换手轮；13—纵轴套固定螺旋；14—照准部制动螺旋；15—照准部水准管（水平度盘水准管）；16—读数显微镜

四、仪器的安置

1. 安置脚架

将脚架安置在地面点上。要求高度适当，架头大致水平，概略对中，稳固可靠。具体操作方法：伸缩架腿调整高度并架设脚架，在架头中心处自由落下一小石头，观其落下点位与地面点的偏差，若偏差在 3cm 之内，则脚架大致对中。

2. 对中

1）用连接螺栓将经纬仪与脚架牢固连接，并将三个脚螺旋调至中间位置。

2）利用脚螺旋进行对中。

（1）光学对中器对光（转动或拉动目镜调焦轮），看清分划板上的圆圈和地面，同时根据地面情况辨明测站点的大致方位。

（2）两手同时握住脚架两脚，以第三脚为支点移动仪器，直到光学对中器分划板中心与测站点大致重合，放下两脚并踏实。

（3）调整脚螺旋使光学对中器中心与测站点重合。

3. 粗略整平

（1）任选三脚架的两个脚腿，转动照准部使管水准器的管水准轴与所选的两个脚腿地面支点连线平行，升降其中一脚腿使管水准器气泡居中。

（2）转动照准部使管水准轴转动 90°，升降第三脚腿使管水准器气泡居中。

升降脚腿时不能移动脚腿地面支点。升降时左手指抓紧脚腿上半段，大拇指按住脚腿下半段顶面，并在松开箍套旋钮时以大拇指控制脚腿上下半段的相对位置实现渐进的升降，管水准气泡居中时扭紧箍套旋钮。整平工作应重复进行，直到水准器气泡偏离中心点少于 2～3 格。

4. 精确整平

（1）任选两个脚螺旋，转动照准部使管水准轴与所选两个脚螺旋中心连线平行，相对（或相背）转动两个脚螺旋使管水准器气泡居中。管水准器气泡在整平中的移动方向与转动脚螺旋左手大拇指运动方向一致，如图 3-2 所示。

（2）转动照准部 90°，转动第三脚螺旋使管水准器气泡居中。

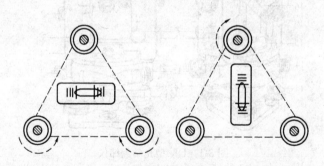

图 3-2 经纬仪整平

5. 对中检查

用光学对中器观察测站点是否偏离分划板中心。如果偏离中心，略微松开脚架连接螺栓，在架头上平移经纬仪，直到分划板中心对准测站点后旋紧连接螺栓。

6. 重新整平仪器，直至在整平仪器的同时光学对中器也对准测站点为止。

五、仪器的使用

1. 瞄准目标

（1）安置好仪器后，松开照准部和望远镜的制动螺旋，用粗瞄器初步瞄准目标，然后拧紧两个制动螺旋。

（2）调节目镜对光螺旋，看清十字丝，再转动物镜对光螺旋，使望远镜内目标清晰；旋转水平微动和垂直微动螺旋，用十字丝精确照准目标，并消除视差。

2. 练习水平度盘读数

3. 练习用水平度盘变换手轮设置水平度盘读数

（1）用望远镜照准选定目标。

（2）拧紧水平制动螺旋，用水平微动螺旋准确瞄准目标。

（3）转动水平度盘变换手轮，将水平度盘读数设置到预定角度值。

（4）松开水平制动螺旋，轻微转动照准部后重新照准原目标，观察水平度盘读数是否仍为原读数，否则需重新设置。

（5）掌握复测扳手使用方法：即扳手向下时锁紧度盘，扳手向上时松开度盘。

六、注意事项

1. 开箱时注意仔细观察仪器在箱内的安放位置，便于装箱；装箱时，如发生仪器箱盖过紧或扣不上，不能硬性关闭，应调整仪器的安放位置后关箱。

2. 安置仪器时，连接螺栓应拧紧，以免仪器落地摔损。

3. 经纬仪是精密仪器，使用时应慢慢转动各个螺旋，不得大幅度、快速地转动照准部及望远镜。

4. 当一个人操作时，其他人员只作语言帮助，不能多人同时操作一台仪器。

七、实验报告

填写实验报告。

实 验 报 告 五

日期:　　　　班级:　　　　组别:　　　　姓名:　　　　学号:

实验题目	自动安平水准仪的认识与使用	成绩	
实验目的			

1. 标明仪器部件名称

2. 根据水平度盘读数视窗图示写出相应的角度值

3. 观测数据记录

测站	目标	盘左读数	盘右读数	角度

实验六 水平角的观测

一、实验目的

掌握测回法和方向观测法观测水平角的记录、计算方法和各项限差要求。

二、实验仪器

DJ_2型光学经纬仪1台、测伞一把、标杆（花杆）4根、测钎2个。

三、实验原理

地面上一点到两个目标点连接的两条空间方向线垂直投影在水平面上所形成的夹角，或空间两条相交方向线的竖直面所夹的两面角，称为水平角，通常用β表示。如图3-3所示，A、O、B为地面上三点，过OA、OB直线的竖直面V_1、V_2，在水平面H上的交线$O'A'$、$O'B'$，所夹的角$\angle A'O'B'$就是OA和OB之间的水平角。

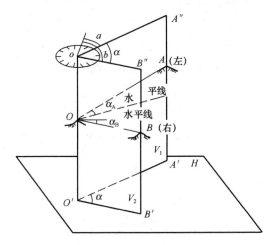

图3-3 水平角测量原理

为了测量水平角，设想在过O点的铅垂线上，水平地安置一个刻度盘（简称为水平度盘），使刻度盘刻划中心（称为度盘中心）o与O在同一铅垂线上。竖直面V_1、V_2与水平度盘有交线oA''、oB''，通过oA''、oB''在水平度盘读数为a、b（称为方向观测值，简称方向值）。一般水平度盘是顺时针刻划和注记，则所测得的水平角为β_{ba}。

由上式可知，水平角值为两方向值之差。水平角取值范围为0°～360°，且无负值。

四、实验方法与步骤

1. 测回法观测水平角的步骤

该法适用于观测两个方向间的单角，如图3-4所示。

（1）将经纬仪安置在测站点O上，对中、整平。在A、B两点上竖立测钎，在其后立起花杆。

（2）盘左（正镜）瞄准目标A，读数$a_左$。

（3）顺时针转动仪器照准部，照准右边目标B，读数$b_左$。

（4）倒镜（盘右）瞄准右边目标B，读数$b_右$。

（5）逆时针转动照准部，照准目标A，读数$a_右$。

图 3-4 测回法观测水平角

上半测回：$\beta_左 = b_左 - a_左$

下半测回：$\beta_右 = b_右 - a_右$，若 $\beta_左$ 与 $\beta_右$ 之差值小于 $40''$，则取其平均值 $\beta = (\beta_左 + \beta_右)/2$ 作为一测回的水平角值，否则重新测量。

2. 方向测回法

1) 方向测回法的观测步骤

该法适用于在一个观测点观测方向多于两个的情况。

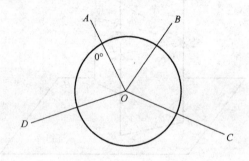

图 3-5 方向测回法

如图 3-5 所示，测站为 O，有 A、B、C、D 四个方向，测出它们的方向值，然后计算它们之间的水平角。

（1）在测站 O 上安置经纬仪，盘左照准起始方向（亦称为零方向）A，调整水平度盘读数使其值稍大于 $0°$，为 a_1，记入记录手簿。

（2）顺时针转动照准部，依次照准目标 B、C、D 读得水平度盘读数 b_1、c_1、d_1，记入记录手簿。

（3）顺时针转动照准部一圈之后照准起始方向 A，读水平度盘读数 a'_1，记入手簿。上半测回"归零差"为两次零方向读数 a_1 与 a'_1 之差。

（4）倒转望远镜成盘右状态，照准起始方向 A，读数 a_2，记入手簿。

（5）逆时针转动照准部，依次照准目标 D、C、B 读得水平度盘读数 d_2、c_2、b_2，记入记录手簿。

（6）最后顺时针转动照准部一圈之后照准起始方向 A 归零，读水平度盘读数 a'_2，记入手簿。两次零方向读数 a_2 与 a'_2 之差为下半测回"归零差"。上下半测回合称一测回。

2) 数据记录与处理

在数据记录与处理过程中,要对各项指标进行复核。方向测回法的各项指标要求见表3-1。

水平角方向观测法限差要求　　　　　　　　　表 3-1

仪器	半测回归零差 (″)	一测回内 2C 互差 (″)	同一方向值各测回互差 (″)
J_2	12	12	12
J_6	18		24

(1) 半测回归零差:DJ_6 不应超过 18″;DJ_2 不应超过 12″。

(2) 两倍照准差 2C 和 2C 的变化范围:2C=盘左读数—(盘右读数±180°)。DJ_2 级经纬仪 2C 值的变化范围不应超过 12″。

(3) 方向平均读数计算:方向平均读数=[盘左读数+(盘右读数±180°)]/2。起始方向 A 有两个平均读数,故应再取两个平均读数的平均值。

(4) 归零方向值的计算:将各方向的平均读数减去零方向最后平均值,即得各方向归零后的方向值。

(5) 各测回归零方向平均值:若进行了多个测回的观测,应取各测回归零后方向值的平均值作为各方向最后的归零方向值。

(6) 计算水平角值。

五、注意事项

1. 读数前,应严格调光,消除视差。

2. 瞄准目标时,应尽量瞄准目标底部,以减少目标偏心差。

3. 测回法计算水平角时,若右边点读数不够减时,应先加上 360°再减。

4. 随记录随计算,测终确定观测结果是否满足要求。

5. 角度观测的注意事项:

(1) 观测前应先检验仪器,发现仪器有误差应立即进行校正,并采用盘左、盘右取平均值和用十字丝交点照准等方法,减小和消除仪器误差对观测结果的影响。

(2) 安置仪器要稳定,脚架应踏牢,对中整平应仔细,短边时应特别注意对中,在地形起伏较大的地区观测时,应严格整平。

(3) 目标处的标杆应竖直,并根据目标的远近选择不同粗细的标杆。

(4) 观测时应严格遵守各项操作规定。例如:照准时应消除视差;水平角观测时,切勿误动度盘;竖直角观测时,应在读取竖盘读数前,显示指标水准管气泡居中等。

(5) 水平角观测时,应以十字丝交点附近的竖丝照准目标根部。竖直角观测时,应以十字丝交点附近的横丝照准目标顶部。

(6) 保证测角的精度,满足测量的要求。

六、实验报告的格式及撰写要求

1. 用测回法至少观测一个水平角角度,并观测记录及计算成果(表格)。

2. 用方向测回法对四个角度进行观测,并观测记录及计算成果(表格)。

3. 填写实验报告。

实 验 报 告 六

日期：　　　　　班级：　　　　　组别：　　　　　姓名：　　　　　学号：

实验题目	经纬仪水平角观测	成绩	
实验目的			

1. 简述测回法水平角观测步骤

2. 简述方向测回法与测回法在用途、观测过程和数据处理等方面的差异

3. 实验总结

实 验 用 表
测回法观测记录手簿

测站	盘位	目标	水平度盘读数 (° ′ ″)	半测回角值 (° ′ ″)	一测回角值 (° ′ ″)	备注
O	左	A				
		B				
	右	A				
		B				

方向测回法记录手簿

测回	测回数	目标	水平度盘读数		2C (″)	平均读数 (° ′ ″)	归零方向值 (° ′ ″)	各测回平均归零方向值 (° ′ ″)	备注
			盘 左 (° ′ ″)	盘 右 (° ′ ″)					
O	1	A							
		B							
		C							
		D							
		A							
	2	A							
		B							
		C							
		D							
		A							

实验七 竖直角的观测

一、实验目的

1. 学会竖直角的观测和记录方法。
2. 掌握竖直角的正、负判定和计算公式的确定方法。
3. 正确理解竖盘指标差概念,并掌握其控制方法。
4. 掌握正确的竖直角度计算方法。

二、实验仪器

光学经纬仪 1 台。

三、实验原理

在同一竖直面内,地面某点至目标的方向线与水平线的夹角,称为竖直角或倾斜角,一般用 α 表示。若目标方向线在水平线之上,该竖直角称为仰角,符号为"+";若目标方向线在水平线之下,该竖直角称为俯角,符号为"-"。如图 3-6 所示,α_A 为正值,α_B 为负值。直角的取值范围角值为 $0°\sim\pm90°$。

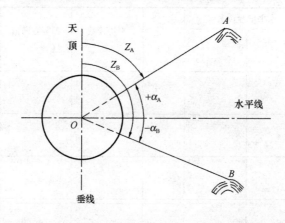

图 3-6 竖直角

在竖直面内,地面某点竖直方向(OO')与某一目标方向线的夹角,称为天顶距,一般用 z 表示。竖直角与天顶距的关系为 $\alpha=90°-z$。

欲测定竖直角,若在过 OA 的铅垂面上,安置一个垂直刻度盘(称为竖直度盘,简称竖盘),并使其刻划中心过 O 点,视线与 OA 方向线重合时,竖盘读数为 L,视线和水平方向线与竖盘的交线重合时,竖盘读数为 M,则竖直角 $\alpha=L-M$。

由此可见,竖直角仍为两方向竖盘读数之差。M 为水平方向线的竖盘读数,当竖盘制作完成后即为定值,又称为始读数或零读数。经纬仪的 M 设置为 $90°$ 的整倍数,即 $90°$、$180°$、$270°$、$360°$。因此,测量竖直角时,只要读到目标方向线的竖盘读数,就可计算出竖直角。

四、实验步骤

1. 安置仪器:

对中、整平。
2. 检查所用仪器竖盘刻划方法，写出竖直角和竖盘指标差的计算公式
3. 竖直角的观测（图 3-7）

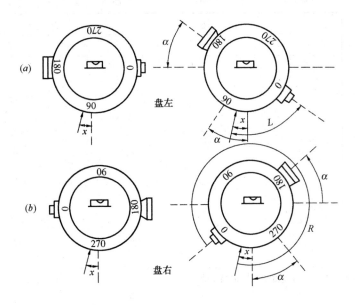

图 3-7 竖直角观测原理

（1）盘左瞄准目标，调整竖盘指标、水准管居中，读数为 L，记录并计算盘左测量角度值 $\alpha_L = 90° - L$。

（2）盘右瞄准目标，使竖盘指标水准管再次居中，读数为 R，记录并计算盘右测量角度值 $\alpha_R = R - 270°$。

（3）计算一测回竖直角值 $\alpha = (\alpha_左 + \alpha_R)/2 = [(R-L) - 180°]/2$。

（4）计算竖盘指标差 $x = (L + R - 360°)/2$。

（5）盘左所得竖直角的正确值应为 $\alpha_左 = 90° - (L-x)$，盘右所得竖直角的正确值应为 $\alpha_右 = (R-x) - 270°$。

五、注意事项
1. 观测前先判定竖盘的刻划形式和确定应采用的公式。
2. 观测时，应使目标影像处于竖丝两侧对称位置，以减弱横丝不平引起的误差。
3. DJ_2 指标差应不大于 15″，DJ_6 指标差应不大于 25″。

六、实验报告的格式及撰写要求
1. 用测回法至少观测一个竖直角角度，并观测记录及计算成果（表格）。
2. 填写实验报告。

实 验 报 告 七

日期： 班级： 组别： 姓名： 学号：

实验题目	经纬仪水平角观测	成绩	
实验目的			

1. 简述测回法竖直角观测步骤

2. 用两测回法观测竖直角并填写竖直角观测记录手簿。

竖直角观测记录手簿

测站	目标	盘位	竖盘读数 (° ′ ″)	半测回竖直角 (° ′ ″)	指标差 (″)	一测回竖直角 (° ′ ″)	备注
O	A	左					
		右					
	B	左					
		右					

3. 实验总结

第四部分 距 离 测 量

实验八 钢尺量距与直线定向

一、实验目的

掌握用经纬仪直线定向和用钢尺进行直线丈量的方法。

掌握用地质罗盘仪测量直线磁方位角的方法。

二、实验仪器

DJ_2 或 DJ_6 型光学经纬仪、花杆、测纤、钢尺、地质罗盘仪。

三、实验方法和步骤

1. 指导教师讲解的钢尺量距与直线定向操作方法。

2. 在实验场地上选定相距 60~80m 的 A 点和 B 点各打一木桩，作为直线端点，木桩上钉小铁钉或画十字线作为点位标志，木桩高出地面约 2cm。

（1）进行直线定线

欲精密丈量直线 AB 的距离，首先清除直线上的障碍物，然后安置经纬仪于 A 点上，瞄准 B 点，用经纬仪进行定线。用钢尺进行概量，在视线上依次定出此钢尺一整尺略短的若干尺段。在各尺段端点打下大木桩，桩顶高出地面 3~5cm。利用 A 点的经纬仪进行定线，在桩顶上划一条线，使其与 AB 方向重合，另划一条线垂直于 AB 方向，形成十字，作为丈量的标志。

（2）丈量距离

用检定过的钢尺丈量相邻两木桩之间的距离。丈量组一般由 5 人组成，2 人拉尺，2 人读数，1 人指挥兼记录。丈量时，拉伸钢尺置于相邻两木桩顶上，并使钢尺有刻划线一侧贴切十字线。后尺手将弹簧秤挂在尺的零端，以便施加钢尺检定时的标准拉力（30m 钢尺，标准拉力为 10kg）。钢尺拉紧后，前尺手以尺上某一整分划对准十字线交点时，发出读数口令"预备"，后尺手回答"好"。在喊好的同一瞬间，两端的读尺员同时根据十字交点读取读数，估读到 0.5mm 记入手簿。每尺段要移动钢尺位置丈量三次，三次测得的结果的较差视不同要求而定，一般不得超过 2~3mm，否则要重新测量。如在限差以内，则取三次结果的平均值，作为此尺段的观测结果。本次实习不考虑三项改正问题，每个尺段相加即为总边长。每条边应往返丈量。

（3）在记录表中进行数据整理和三项改正数的计算，并通过往返测量计算量距精度。

钢尺量距精密方法要求量距精度达到 1/10000。如果丈量精度超限，要分析原因并重新测量，直至符合要求为止。

3. 用罗盘仪测定其磁方位角

（1）将罗盘仪安置在 A 点，进行对中整平。

（2）瞄准 B 点的小目标架后，放松磁针制动螺旋。

（3）待磁针静止后，读出磁针北端在刻度盘上所标的读数，即为直线 AB 的磁方位角。

四、注意事项
1. 钢尺丈量距离前应首先判定钢尺的形式和零点的位置。
2. 距离丈量时，钢尺应按平、拉直。
3. 丈量直线距离先以整尺数进行丈量，最后不足一尺时，若有零数，应估读至毫米。
4. 观测磁方位角时，应避免电力线、铁件等的干扰和影响。

五、实验报告的格式及撰写要求
1. 填写实验报告。
2. 提供精密量距实验观测成果（表格）。

实 验 报 告 八

日期：　　　　　班级：　　　　　组别：　　　　　姓名：　　　　　学号：

实验题目	钢尺量距与罗盘仪定向	成绩	
实验目的			

1. 什么是直线定线？什么是直线定向？

2. 直线丈量误差有哪些来源？其主要影响因素是哪些？写出钢尺量距精密方法的三项改正数的计算公式，并对公式中各参数进行说明

3. 叙述方位角和象限角的区别与联系

钢尺精密量距记录手簿

尺段编号	实测次数	前尺读数 (m)	后尺读数 (m)	尺段长度 (m)	温度 (℃)	高差 (m)	温度改正数 (mm)	尺长改正数 (mm)	倾斜改正数 (mm)	改正后尺段长 (m)
1	1									
	2									
	3									
	平均									
2	1									
	2									
	3									
	平均									
3	1									
	2									
	3									
	平均									
总和										

实验九 视距测量

一、实验目的

掌握用视距法测定两点间距离高差的方法。

二、实验仪器

DJ_2型光学经纬仪1台、水准尺1把。

三、实验步骤

1. 在测站点A上安置经纬仪（图4-1），并对中整平。

2. 用皮尺量取仪器高度i。

3. 在待测点B上立水准尺，并保持水准尺竖直。

4. 盘左瞄准测点标尺上任意一点，读取中丝读数v、上丝读数M和下丝读数N，并计算尺间隔$l = M - N$。

5. 读取竖盘读数L，并计算竖直角$\alpha = 90° - L$。

6. 计算水平距离$D = kl\cos^2\alpha$，其中k为视距乘常数。

7. 计算A、B两点间的高差$h = \frac{1}{2}kl\sin 2\alpha + i - v$。为了加快计算速度，

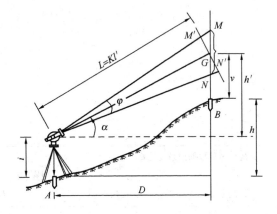

图4-1 视距测量原理

可采用读取仪高法，即使$i = v$，则计算公式可简化为：$h = \frac{1}{2}kl\sin 2\alpha$。

8. 以盘右为准再按上述步骤进行重复测量，对两次所测得的结果进行对比验证。

四、注意事项

1. 为了更好地计算竖直角α，读取竖盘读数前应认清其刻线形式，选取计算公式。

2. 视距尺应立直，立尺点的选定应具有代表性，并变换远近距离、高低方位进行视距测量练习。

3. 观测时，竖盘指标差应在±25″以内；上、中、下三丝读数应满足$\left|\frac{上+下}{2} - 中\right| \leq 6mm$。

五、实验报告的格式及撰写要求

填写实验报告。

实 验 报 告 九

日期：　　　　班级：　　　　组别：　　　　姓名：　　　　学号：

实验题目	视距测量	成绩	
实验目的			

1. 分析视距测量的误差来源及主要影响因素

2. 视距测量数据记录及计算

视距测量手簿

测站点：　　　　定向点：　　　　$H_A=$　　m　　$i_A=$　　m

点号	视距间隔 l (m)	中丝读数 v (m)	竖盘读数 L	竖直角 α	高差 h (m)	水平角 β	平距 D (m)	高程 h (m)	备注

3. 实验总结

第五部分 控 制 测 量

实验十 导 线 测 量

一、实验目的

掌握闭合导线测量、计算方法。

二、实验仪器

DJ_2 型光学经纬仪、花杆、测纤、钢尺、地质罗盘仪。

三、实验方法与步骤

导线测量就是依次测定各导线边的长度和各转折角；根据起算数据，推算各边的坐标方位角，从而求出各导线点的坐标。导线测量主要包括外业测量和内业计算两部分。

1. 导线测量的外业

导线测量的外业工作包括：踏勘选点及建立标志、量边、测角和连测。

1) 踏勘选点及建立标志

导线点的位置应根据已知控制点的分布、地形条件及测图和施工需要等具体情况合理选定。选点时应满足下列要求：

(1) 相邻点间必须通视良好，地势较平坦，便于测角和量距；

(2) 点位应选在土质坚实处，便于保存标志和安置仪器；

(3) 视野开阔，便于测图或放样；

(4) 导线各边的长度应大致相等，除特殊条件外，导线边长一般在 50～350m 之间，平均边长符合表 5-1 的规定；

(5) 导线点应有足够的密度，分布较均匀，便于控制整个测区。

确定导线点位置后，应在地上打入木桩，桩顶钉一小钉作为导线点的标志。如导线点需长期保存，可埋设水泥桩或石桩，桩顶刻凿十字或嵌入锯有十字的钢筋作标志。导线点应按顺序编号，为便于寻找，可根据导线点与周围地物的相对关系绘制导线点点位略图。

导线测量技术指标表　　　　　　　　　　　　　　　　表 5-1

等级	导线长度 (km)	平均边长 (km)	测角中误差 (″)	测回数		角度闭合差 (″)	相对闭合差
				DJ_6	DJ_2		
一级	4	0.5	5	4	2	$10\sqrt{n}$	1/15000
二级	2.4	0.25	8	3	1	$16\sqrt{n}$	1/10000
三级	1.2	0.1	12	2	1	$24\sqrt{n}$	1/5000
图根	≤1.0M	≤1.5测图最大视距	20	1	—	$40\sqrt{n}$	1/2000

注：表中 n 为测站数；M 为测图比例尺的分母。

2）量边

导线边长一般用检定过的钢尺按实验八的方法进行往返丈量，丈量的相对误差不应超过表 5-1 的规定，满足要求时，取其平均值作为丈量的结果。

3）测角

导线的转折角有左、右之分，在导线前进方向左侧的称为左角，而右侧的称为右角。对于附合导线应统一观测左角或右角（在公路测量中，一般是观测右角）；对于闭合导线，则观测内角。当采用顺时针方向编号时，闭合导线的右角即为内角，逆时针方向编号时，则左角为内角。

导线的转折角通常采用测回法进行观测。各级导线的测角技术要求参见表 5-1。对于图根导线，一般用 J_2 级经纬仪或全站仪测一个测回，盘左、盘右测得角值的较差不大于 $40''$ 时，则取其平均值作为观测结果。

4）连测

如图 5-1 所示，导线与高级控制网连测，连测数据作为传递坐标方位角和坐标之用。对于导线（a），必须观测连接角 β_A；对于导线（b），必须观测连接角 β_A、β_C、连接边 D_{A1}。若附近无高级控制点，可用罗盘仪观测导线起始边的磁方位角，并假定起始点的坐标作为起算数据。

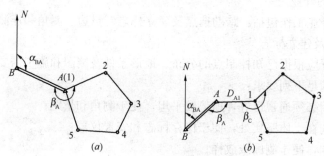

图 5-1 闭合导线连测示意图

2. 导线测量的内业计算

现以闭合四边形导线为例，说明闭合导线坐标计算的步骤。计算时应首先绘制导线略图。

（1）角度闭合差的计算与调整

闭合导线实测的 n 个内角总和 $\sum \beta_测$ 不等于其理论值 $(n-2) \cdot 180°$，其差称为角度闭合差，以 f_β 表示：

$$f_\beta = \sum \beta_测 - (n-2) \cdot 180° \tag{5-1}$$

各级导线角度闭合差的容许值 $f_{\beta容}$，如表 5-1 所示。如图根导线，则 $f_{\beta容} = \pm 40'' \sqrt{n}$。

若 $f_\beta \leqslant f_{\beta容}$，则可进行角度闭合差的调整，否则，应分析情况进行重测。角度闭合差的调整，将 f_β 以相反的符号平均分配到各观测角中，即各角的改正数为：

$$V_\beta = -f_\beta / n \tag{5-2}$$

计算时，根据角度取位的要求，改正数可凑整到 $1''$、$6''$ 或 $10''$。若不能均分，一般情况下，给短边的夹角多分配一点，使各角改正数的总和与反号的闭合差相等，即 $\sum V_\beta = -f_\beta$。

（2）推算各边的坐标方位角

根据起始方位角及改正后的转折角，可按式（5-3）或式（5-4）依次推算各边的坐标方位角，填入计算表第 4 栏（此处计算表是指本实验所附的闭合导线计算表，后同）。

$$\alpha_{前} = \alpha_{后} + 180° - \beta_{右} \tag{5-3}$$

$$\alpha_{前} = \alpha_{后} + \beta_{左} - 180° \tag{5-4}$$

在推算过程中，如果算出的 $\alpha_{前}>360°$，则应减去 $360°$；如果算出的 $\alpha_{前}<0°$，则应加上 $360°$。为了发现推算过程中的差错，最后必须推算至起始边的坐标方位角，看其是否与已知值相等，以此作为计算校核。

（3）计算各边的坐标增量

根据各边的坐标方位角 α 和边长 D，按式（5-5）计算各边的坐标增量，将计算结果填入表 6、7 栏。

$$\left.\begin{array}{l}\Delta x = D \cdot \cos\alpha \\ \Delta y = D \cdot \sin\alpha\end{array}\right\} \tag{5-5}$$

式中，Δx 和 Δy 分别称为纵、横坐标增量，D 为导线边长，α 为导线边方位角。

（4）坐标增量闭合差的计算与调整

闭合导线的纵横坐标增量总和的理论值应为零，即

$$\left.\begin{array}{l}\sum \Delta x_{理} = 0 \\ \sum \Delta y_{理} = 0\end{array}\right\} \tag{5-6}$$

由于测量误差，改正后的角度仍有残余误差，坐标增量总和的测量计算值 $\sum \Delta x_{测}$ 与 $\sum \Delta y_{测}$ 一般都不为零，其值称为坐标增量闭合差，以 f_x 与 f_y 表示，如图 5-2 所示。即

$$\left.\begin{array}{l}f_x = \sum \Delta x_{测} \\ f_y = \sum \Delta y_{理}\end{array}\right\} \tag{5-7}$$

这说明，实际计算的闭合导线并不闭合，而存在一个缺口 $1-1'$，这个缺口的长度称为导线全长闭合差，以 f 表示。由图 5-2 知：

$$f = \sqrt{f_x^2 + f_y^2} \tag{5-8}$$

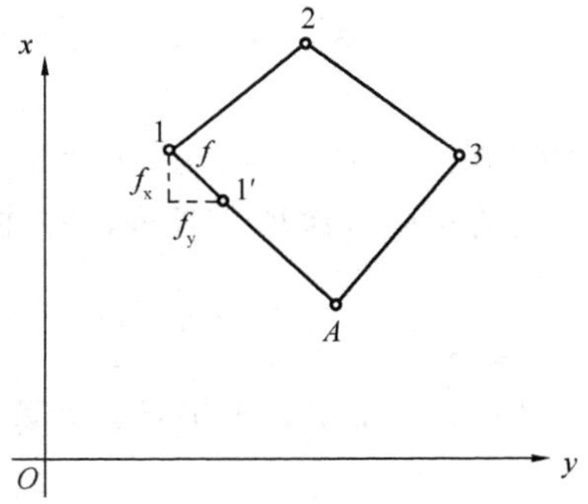

图 5-2 闭合导线全长闭合差

导线越长，全长闭合差也越大。因此，通常用相对闭合差来衡量导线测量的精度，导线的全长相对闭合差按下式计算：

$$K = \frac{f}{\Sigma D} = \frac{1}{\frac{\Sigma D}{f}} \tag{5-9}$$

式中，ΣD 为导线边长的总和。导线的全长相对闭合差应满足表 5-1 的规定。否则，应首先检查外业记录和全部内业计算，必要时到现场检查，重测部分或全部成果。若 K 值符合精度要求，则可将增量闭合差 f_x、f_y 以相反符号，按与边长成正比分配到各增量中。任一边分配的改正数 $V_{\Delta x_{i,i+1}}$、$V_{\Delta y_{i,i+1}}$ 按下式计算：

$$\left.\begin{array}{l} V_{\Delta x_{i,i+1}} = -\dfrac{f_x}{\Sigma D} D_{i,i+1} \\ V_{\Delta y_{i,i+1}} = -\dfrac{f_y}{\Sigma D} D_{i,i+1} \end{array}\right\} \tag{5-10}$$

改正数应按坐标增量取位的要求凑整到厘米或毫米，并且必须使改正数的总和与反符号闭合差相等，即

$$\Sigma V_{\Delta x} = -f_x$$
$$\Sigma V_{\Delta y} = -f_y$$

改正数写在各坐标增量计算值的上方，然后计算改正后的坐标增量，将其填入表中的 8、9 栏。

（5）坐标计算

根据起始点的已知坐标和改正后的坐标增量，按式（5-11）依次推算各点的坐标，填入表中的 10、11 栏。

$$\left.\begin{array}{l} x_{i+1} = x_i + \Delta x \\ y_{i+1} = y_i + \Delta y \end{array}\right\} \tag{5-11}$$

式中，x_i、y_i 为导线边起点坐标，x_{i+1}、y_{i+1} 为导线边终点坐标。

如果导线未与高级点连接，则起算点的坐标可自行假定。为了检查坐标推算中的差错，最后还应推回到起算点的坐标，看其是否和已知值相等，以此作为计算校核。

四、注意事项

1. 用多测回法进行角度观测时，应按测回数变换初始角度。
2. 导线计算表应按从左至右的顺序依次填写各列，并注意进行测角误差和测距误差的计算与检核。

五、实验报告的格式及撰写要求

1. 进行闭合导线的观测与计算，并提交相关记录、计算成果。
2. 填写实验报告。

实 验 报 告 十

日期：　　　　　班级：　　　　　组别：　　　　　姓名：　　　　　学号：

实验题目	导线测量		成绩	
实验目的				

1. 测量误差平差包括哪些内容？

2. 叙述闭合导线测量与附合导线测量的主要区别

3. 实验总结

闭合导线计算表

导线点号	观测角（右角） (° ′ ″)	改正后角值 (° ′ ″)	坐标方位角 (° ′ ″)	边长 (m)	坐标增量计算值 (m)		改正后坐标增量 (m)		坐标 (m)	
					Δx	Δy	Δx	Δy	x	y
1	2	3	4	5	6	7	8	9	10	11
A										
1										
2										
3										
4										
A										
Σ										

实验十一　四等水准测量

一、实验目的

1. 掌握用双面水准尺进行四等水准测量的观测、记录和计算。
2. 熟悉四等水准测量的主要技术指标，掌握测站及水准路线的检核方法。

二、实验仪器

DS_3水准仪1台、双面水准尺1对、尺垫2个、记录板1块。

三、实验方法与步骤

1. 选定一条闭合或附合水准路线，其长度以安置4~6个测站为宜。沿线标定待测高程点的地面标志。

2. 在起点与第一个待测点之间设站，安置好水准仪以后，按以下顺序观测，并填写附表1。

1）测站观测

后视黑面尺，读取上、下丝读数，精平后读取中丝读数，分别记入（1）、（2）、（3）栏中；

前视黑面尺，读取上、下丝读数，精平后读取中丝读数，分别记入（4）、（5）、（6）栏中；

前视红面尺，精平后读取中丝读数，分别记入记录表（7）栏中；

后视红面尺，精平后读取中丝读数，分别记入记录表（8）栏中；

这种观测顺序简称"后—前—前—后"。

2）计算与校核

（1）视距计算

后视距离(9)=100×[(1)－(2)]

前视距离(10)=100×[(4)－(5)]

前后视距差值(11)=(9)－(10)，此值应符合表5-2的要求。

视距差累积值(12)=前站(12)＋本站(11)，其值应符合表5-2的要求。

（2）高差计算

先进行同一标尺红、黑面读数校核，后进行高差计算。

前视黑、红读数差：(13)=K106＋(6)－(7)

后视黑、红读数差：(14)=K105＋(3)－(8)

(13)、(14)应等于零，不符值应满足表5-2的要求。否则应重新观测。

黑面高差：(15)=(3)－(6)

红面高差：(16)=(8)－(7)

红、黑面高差之差：(17)=(15)－(16)±0.100

计算校核：(17)=(14)－(13)

平均高差：$(18)=\frac{1}{2}×[(15)+(16)±0.100]$

式中，0.100为单、双号两尺常数K值之差。

三、四等水准测量测站观测主要技术指标　　　　表 5-2

等级	水准仪型号	视线长度(m)	前后视距差(m)	前后视距累积差(m)	视线离地面最低高度(m)	基本分划、辅助分划（黑红面）读数差(mm)	基本分划、辅助分划（红黑面）所测高差之差(mm)
三	DS_1	100	3	6	0.3	1.0	1.5
三	DS_2	75				2.0	3.0
四	DS_3	100	5	10	0.2	3.0	5.0
五	DS_3	100	大致相等				
图根	DS_{10}	≤100					

注：1. 当成像显著清晰、稳定时，视线长度可按表中规定放长 20%；
　　2. 当进行三、四等水准观测，采用单面标尺变更仪器高度时，所测两高差之差，应与黑红面所测高差之差的要求相同。

（3）计算的校核

高差部分按页分别计算后视红、黑面读数总和与前视读数总和之差，它应等于红、黑面高差之和。

对于测站数为偶数：

$\Sigma[(3)+(8)]-\Sigma[(6)+(7)]=\Sigma[(15)+(16)]=2\Sigma(18)$

对于测站数为奇数：

$\Sigma[(3)+(8)]-\Sigma[(6)+(7)]=\Sigma[(15)+(16)]=2\Sigma(18)\pm 0.100$

视距部分，后视距总和与前视距总和之差应等于末站视距差累积值。校核无误后，可计算水准路线的总长度 $L=\Sigma(9)+\Sigma(10)$。

三、四等水准测量主要技术指标　　　　表 5-3

等级	水准仪型号	水准尺	路线长度(km)	观测次数		每千米高差中误差(mm)	往反较差、附合或环线闭合差	
				与已知点联测	附合或环线		平地(mm)	山地(mm)
三	DS_1	因瓦	≤50	往返各一次	往一次	6	$12\sqrt{L}$	$4\sqrt{n}$
三	DS_2	双面			往返各一次			
四	DS_3	双面	≤16	往返各一次	往一次	10	$20\sqrt{L}$	$6\sqrt{n}$
五	DS_3	单面		往返各一次	往一次	15	$30\sqrt{L}$	
图根	DS_{10}	单面	≤5	往返各一次	往一次	20	$40\sqrt{L}$	$12\sqrt{n}$

注：1. 结点之间或结点与高级点之间，其路线的长度，不应大于表中规定的 0.7 倍。
　　2. L 为往返测段、附合或环线的水准路线长度（km），n 为测站数。

3）成果计算

在完成一测段单程测量后，须立即计算其高差总和。完成一测段往、反观测后，应立即计算高差闭合差，进行成果检核。其高差闭合差应符合表 5-3 的规定。然后对闭合差进行调整，最后按调整后的高差计算各水准点的高程。

四、实验报告

1. 提交相关记录、计算成果。
2. 填写实验报告。

实 验 报 告 十 一

日期：　　　　　班级：　　　　组别：　　　　姓名：　　　　学号：

实验题目		成绩	
实验目的			

1. 闭合水准路线示意图

2. 水准测量测站操作的步骤

3. 实验总结

三、四等水准测量记录、计算表（双面尺法）

附表1

测站编号	后尺 下丝 上丝 后视距 视距差 d	前尺 下丝 上丝 前视距 $\sum d$	方向及尺号	标尺读数 黑面	标尺读数 红面	$K+$黑$-$红	高差中数	备注
	(1)	(4)	后	(3)	(8)	(14)		
	(2)	(5)	前	(6)	(7)	(13)		
	(9)	(10)	后—前	(15)	(16)	(17)	(18)	
	(11)	(12)						
1			后105					
			前106					
			后—前					
2			后105					
			前106					
			后—前					
								K为水准尺常数，如： $K_{105}=4.787$ $K_{106}=4.687$
3			后105					
			前106					
			后—前					
4			后106					
			前105					
			后—前					
5			后105					
			前106					
			后—前					

每页检核：

高差校核：
$\sum(3)-\sum(6)=\sum(15)$
$\sum(8)-\sum(7)=\sum(16)$
$\sum(15)+\sum(16)=2\sum(18)$ 偶数站
$\sum(15)+\sum(16)=2\sum(18)\pm100\text{mm}$ 奇数站

视距差校核：
$\sum(9)-\sum(10)=$ 本页末站(12)—前页末站(12)
本页总视距：
$\sum(9)+\sum(10)$

第六部分 全 站 仪

实验十二 全站仪的认识与使用

一、实验目的
了解全站仪的基本结构、各操作部件、螺旋的名称和作用。

二、实验仪器
全站仪1套、棱镜1套。

三、实验方法与步骤

1. 安置仪器

(1) 在测站点 A 安置全站仪，对中、整平，具体安置方法同经纬仪。

(2) 在待测点安置三脚架，并将安装好棱镜的棱镜架安装在三脚架上，进行对中、整平，通过棱镜上的缺口使棱镜对准望远镜。

2. 检测

开机，检测电源电压是否满足测距要求。

3. 测前准备

对全站仪进行设定：

(1) 设定距离单位为"m"。

(2) 设定角度单位为六十进制度（360″），设定角度的小数位数为4位（最小显示为1″）。

(3) 设定气温单位为"℃"，设定气压单位与所用气压计的单位一致。

(4) 输入全站仪的测距加常数（测距加常数由仪器检定确定）。

(5) 设定显示模式。

4. 测角

将仪器设定为测角模式，测角基本原理与光学经纬仪相同，不同之处主要表现在照准目标后，水平度盘读数及竖直度盘读数直接显示在屏幕上。

5. 测定距离、高差、坐标及高程

(1) 量取仪器高 h_i 并输入全站仪。

(2) 量取棱镜高 h_r 并输入全站仪。

(3) 测定气温、气压并输入全站仪。

(4) 选定距离测量模式为标准测量方式。

(5) 用望远镜照准测点棱镜中心，按测距键，施测后屏幕按设定的格式显示测量结果（可翻屏查阅其他显示格式所包含的测量数据）。

(6) 在视线方向上竖立标杆棱镜，进行跟踪测距，同时使标杆棱镜沿视线方向移动，屏幕连续显示测量结果，按停止键时结束跟踪测距。

（7）记录所测的距离与角度。

四、注意事项

1. 新购置的仪器，如果首次使用，应结合仪器认真阅读仪器使用说明书。通过反复学习、使用和总结，力求做到"得心应手"，最大限度地发挥仪器的作用。

2. 测距仪的测距头不能直接照准太阳，以免损坏测距的发光二极管。

3. 在阳光下或阴雨天气进行作业时，应打伞遮阳、遮雨。

4. 在整个操作过程中，观测者不得离开仪器，以避免发生意外事故。

5. 仪器应保持干燥，遇雨后应将仪器擦干，放在通风处，完全晾干后才能装箱。

6. 全站仪在迁站时，即使很近，也应取下仪器装箱。

7. 运输过程中必须注意防振，长途运输最好装在原包装箱内。

五、实验报告的格式及撰写要求

填写实验报告。

实 验 报 告 十 二

日期：　　　　　班级：　　　　　组别：　　　　　姓名：　　　　　学号：

实验题目	全站仪的认识与使用	成绩	
实验目的			

1. 说明全站仪在测量距离和高差之前需要进行哪些参数设置，并简述各参数设置步骤

2. 说明全站仪在测距模式和测角模式下可以测得哪些数据

3. 实验总结

实验十三　全站仪坐标测量及放样

一、实验目的

熟悉全站仪坐标测量及放样操作方法。

二、实验仪器

全站仪1套、棱镜1套。

三、实验方法与步骤

1. 安置仪器

(1) 在测站点 A 安置全站仪，对中、整平，具体安置方法同经纬仪。

(2) 在待测点安置三脚架，并将安装好棱镜的棱镜架安装在三脚架上，进行对中、整平，通过棱镜上的缺口使棱镜对准望远镜。

2. 检测

开机，检测电源电压是否满足测量要求。

3. 测前准备

对全站仪进行设定：

(1) 设定距离单位为"m"。

(2) 设定角度单位为六十进制度（360°），设定角度的小数位数为4位（最小显示为1″）。

(3) 设定气温单位为"℃"，设定气压单位与所用气压计的单位一致。

(4) 输入全站仪的测距加常数（测距加常数由仪器检定确定）。

(5) 分别进入坐标测量和点位放样功能。

4. 测量点位坐标

(1) 设站：输入测站点三维坐标；

(2) 后视点设置：输入后视点三维坐标，并进行坐标定向；

(3) 测量待测点坐标：在待测点设置棱镜，测量其三维坐标。

5. 点位放样

(1) 设站：输入测站点三维坐标；

(2) 后视点设置：输入后视点三维坐标，并进行坐标定向；

(3) 放样点位坐标：输入放样点位三维坐标；

(4) 点位放样：在任意点设置棱镜，全站仪照准棱镜后测量，得到测点与正确点位的角度和距离偏移值。根据角度和距离偏移值移动棱镜，直到两值均为0。

四、数据记录与处理

记录测站点、后视点、测量点和放样点的三维坐标。

五、注意事项

1. 新购置的仪器，如果首次使用，应结合仪器认真阅读仪器使用说明书。通过反复学习、使用和总结，力求做到"得心应手"，最大限度地发挥仪器的作用。

2. 测距仪的测距头不能直接照准太阳，以免损坏测距的发光二极管。

3. 在阳光下或阴雨天气进行作业时，应打伞遮阳、遮雨。

4. 在整个操作过程中，观测者不得离开仪器，以避免发生意外事故。
5. 仪器应保持干燥，遇雨后应将仪器擦干，放在通风处，完全晾干后才能装箱。
6. 全站仪在迁站时，即使很近，也应取下仪器装箱。
7. 运输过程中必须注意防振，长途运输最好装在原包装箱内。

六、实验报告的格式及撰写要求

填写实验报告

实 验 报 告 十 三

日期：　　　　　　班级：　　　　　　组别：　　　　　　姓名：　　　　　　学号：

实验题目	全站仪坐标测量及放样	成绩	
实验目的			

1. 绘图说明全站仪测量点位坐标的基本原理

2. 在测量前为何要进行测站点和后视点的设置

3. 点位坐标记录表

测站点坐标			后视点坐标			待测点坐标		
x	y	z	x	y	z	x	y	z

第七部分 工 程 测 量

实验十四 经纬仪测图

一、实验目的
1. 熟悉经纬仪测图方法。
2. 了解地形图测绘的基本流程。

二、实验仪器
经纬仪 1 台、小平板 1 套、三角板 1 副、量角器 1 个、花杆 1 根、视距尺 1 把、卷尺 1 把、小钢尺 1 把、记录板 1 块。

三、实验方法与步骤
经纬仪测绘法的具体操作步骤如下：
(1) 安置仪器：如图 7-1 所示，安置仪器于测站点（控制点）A 上，量取仪器高 i 填入手簿，见表 7-1。

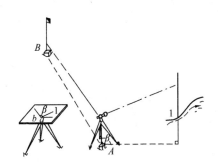

图 7-1 经纬仪测图

碎部测量手簿　　　　表 7-1

测站点：A　　　定向点：B　　　$HA=56.43\text{m}$　　　$iA=1.46\text{m}$

点号	视距间隔 l (m)	中丝读数 v (m)	竖盘读数 L	竖直角 α	高差 h (m)	水平角 β	平距 D (m)	高程 H (m)	备注
1	0.281	1.460	93°28′	−3°28′	−1.70	102°00′	28.00	54.73	屋角
2	0.414	1.460	74°26′	15°34′	10.70	129°25′	38.42	67.13	屋角
…	…	…	…	…	…	…	…	…	…
n	0.378	2.460	91°14′	−1°14′	−1.81	286°35′	37.78	54.62	路灯

(2) 定向：后视另一控制点 B，置水平度盘读数为 $0°00'00''$。

(3) 立尺：立尺员依次将标尺立在地物、地貌特征点上。立标尺前，立尺员应根据实测范围和实地情况合理选定立尺点，并与观测员、绘图员共同商定跑尺路线。

(4) 观测：转动照准部，瞄准点 1 的标尺，读取视距间隔 l、中丝读数 v、竖盘读数 L 及水平角 β。

(5) 记录：将测得的视距间隔、中丝读数、竖盘读数及水平角依次填入手簿。对于有特殊作用的碎部点，如房角、山头、鞍部等，应在备注中加以说明。

(6) 计算：先由竖盘读数 L 计算竖直角 $\alpha = 90° - L$。按前述视距测量方法计算出碎部点的水平距离和高程。

(7) 展绘碎部点：用细针将量角器的圆心插在图纸上测站点 a 处，转动量角器，将量角器上等于 β 角值（碎部点 1 为 $102°00'$）的刻划线对准起始方向线 ab，如图 7-2 所示，此时量角器的零方向便是碎部点 1 的方向，然后用测图比例尺按测得的水平距离在该方向上定出点 1 的位置，并在点的右侧注明其高程。

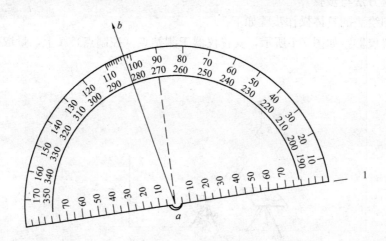

图 7-2 地形测图量角器

同法，测出其余各碎部点的平面位置与高程，绘于图上，并随测随绘等高线和地物。

为了检查测图质量，仪器搬到下一测站时，应先观测前站所测的某些明显碎部点，以检查由两个测站测得该点的平面位置和高程是否相符。如相差较大，则应查明原因，纠正错误，再继续进行测绘。

若测区面积较大，可分成若干图幅，分别测绘，最后拼接成全区地形图。为了相邻图幅的拼接，每幅图应测出图廓外 10mm。

四、注意事项

1. 立尺人员在跑点前，应先与观测员和绘图员商定跑尺路线；立尺时，应将标尺竖直，并随时观察立尺点周围情况，弄清碎部点之间的关系，地形复杂时还需绘出草图，以协助绘图人员做好绘图工作。

2. 为方便绘图员工作，观测员在观测时，应先读取水平角，再读取视距尺的三丝读数和竖盘读数；在读取竖盘读数时，要注意检查竖盘指标水准管气泡是否居中；读数时，水平角估读至$5'$，竖盘读数估读至$1'$即可；每观测20～30个碎部点后，应重新瞄准起始方向检查其变化情况，经纬仪测绘法起始方向水平度盘读数偏差不得超过$3'$。

3. 绘图人员要注意图面正确、整洁，注记清晰，并做到随测点，随展绘，随检查。

4. 当每站工作结束后，应进行检查，在确认地物、地貌无测错或漏测时，方可迁站。

五、实验报告的格式及撰写要求

1. 提交观测记录与计算成果。

2. 填写实验报告。

实 验 报 告 十 四

日期：　　　　班级：　　　　组别：　　　　姓名：　　　　学号：

实验题目	经纬仪测图	成绩	
实验目的			

1. 绘图说明全站仪测量点位坐标的基本原理

2. 在测量前为何要进行测站点和后视点的设置

3. 点位坐标记录表

测站点坐标			后视点坐标			待测点坐标		
x	y	z	x	y	z	x	y	z

碎部测量手簿

测站点：　　　　　定向点：　　　　　$HA=$ m　　　　　$iA=$ m

点号	视距间隔 l (m)	中丝读数 v (m)	竖盘读数 L	竖直角 α	高差 h (m)	水平角 β	平距 D (m)	高程 H (m)	备注

实验十五　圆曲线主点测设

一、实验目的
1. 掌握路线转角的测定方法。
2. 掌握圆曲线测设要素及主点里程的计算方法。
3. 掌握圆曲线主点测设方法。

二、实验仪器
经纬仪 1 台、花杆 3 根、木桩 3 个、卷尺 1 把、测钎 1 副、斧子 1 把、记录板 1 块。

三、实验方法与步骤
1. 在实地定出路线导线的三个相邻交点 JD_1、JD_2、JD_3，并假设 JD_2 桩号为 K16.362，如图 7-3 所示，并分别用木桩标定其位置。导线边长宜大于 70m，$\beta \leq 160°$。

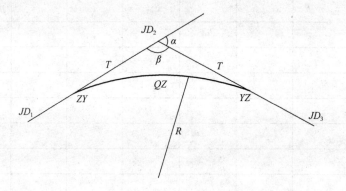

图 7-3　经纬仪测图

2. 在 JD_2 上安置经纬仪，用测回法测出 β，并用公式（7-1）计算出转角 α。同时，用经纬仪设置 $\beta/2$ 的方向线，即 β 的角平分线方向。

$$\alpha = 180° - \beta \tag{7-1}$$

3. 假定圆曲线半径 R，根据 R 和 α，利用公式（7-2）计算曲线测设元素：曲线长 L、切线长 T、外距 E、切曲差 D。

$$\left. \begin{aligned} T &= T\tan\frac{\alpha}{2} \\ L &= R\alpha\frac{\pi}{180} \\ E &= R\left(\sec\frac{\alpha}{2} - 1\right) \\ D &= 2T - L \end{aligned} \right\} \tag{7-2}$$

4. 利用公式（7-3）计算圆曲线主点里程桩号。

$$\left.\begin{aligned} ZY\ 里程 &= JD\ 里程 - T \\ YZ\ 里程 &= ZY\ 里程 + L \\ QZ\ 里程 &= YZ\ 里程 - L/2 \\ JD\ 里程 &= QZ\ 里程 + D/2 \quad (校核) \end{aligned}\right\} \qquad (7-3)$$

5. 圆曲线主点测设

1）测设曲线起点（ZY）

将经纬仪置于交点 JD_2 上，望远镜照准后交点 JD_1 或此方向上的转点，自交点 JD_2 沿此方向量取切线长 T，即得圆曲线起点 ZY，插一测钎。然后用钢尺自 ZY 丈量至最近一个直线桩的距离，若两桩号之差等于所丈量的距离或相差在容许范围内，即可在测钎处打下 ZY 桩。若超出容许范围，应查明原因，以确保桩位的正确性。

2）测设曲线终点（YZ）

设置圆曲线终点时，将望远镜照准前交点 JD_3 或此方向上的转点，往返量取切线长 T，得圆曲线终点，打下 YZ 桩。

3）测设曲线中点（QZ）

设置圆曲线中点时，可自交点沿分角线方向量取外距 E，打下 QZ 桩。

四、注意事项

1. 本次实验可假定圆曲线半径 R 在 100m 左右，$25°\leqslant\alpha\leqslant40°$，各小组使用不同的 R 和 α 值。

2. 计算曲线测设要素和主点里程时应多人同时计算，以便校核。

3. 做好人员分工，提高实验效率。

五、实验报告的格式及撰写要求

填写实验报告。

实 验 报 告 十 五

日期：　　　　班级：　　　　组别：　　　　姓名：　　　　学号：

实验题目	圆曲线主点测设	成绩	
实验目的			

1. 导线转角观测

测站	盘位	目标	水平度盘读数 (° ′ ″)	半测回角值 (° ′ ″)	β 角值 (° ′ ″)	α 角值 (° ′ ″)
O	左	A				
		B				
	右	A				
		B				

2. 测设要素计算

3. 主点桩号计算

	JD_2	K16.362
$-)$	T	
	ZY	
$+)$	L	
	YZ	
$-)$	$L/2$	
	QZ	
$+)$	$D/2$	
	JD_2	K16.362

4. 绘图说明圆曲线主点的测设方法

实验十六 切线支距法测设圆曲线

一、实验目的
1. 掌握切线支距法测设圆曲线的方法。
2. 掌握切线支距法测设圆曲线测设数据的计算方法。

二、实验仪器
经纬仪 1 台、花杆 3 根、方向架 1 个、木桩 6 个、卷尺 1 把、测钎 1 束、斧子 1 把、记录板 1 块。

三、实验原理
切线支距法是以圆曲线的起点 ZY 或终点 YZ 为坐标原点，以切线为 x 轴，过原点的半径方向为 y 轴，建立直角坐标。按曲线上各点坐标 x、y 设置曲线。

如图 7-4 所示，设 P_i 为曲线上欲测设的点位，该点至 ZY 点或 YZ 点的弧长为 l_i，φ_i 为 l_i 所对的圆心角，R 为圆曲线半径，则 P_i 的坐标可按下式计算：

$$\left.\begin{array}{l} x_i = R\sin\varphi_i \\ y_i = R(1-\cos\varphi_i) \end{array}\right\} \tag{7-4}$$

式中

$$\varphi_i = \frac{l_i}{R} \cdot \frac{180°}{\pi} \tag{7-5}$$

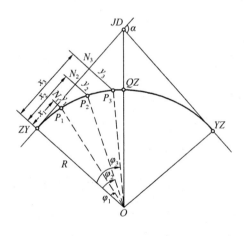

图 7-4 切线支距法测设圆曲线

将 φ_i 代入式（7-4），按级数展开并略去高次项后，得：

$$\left.\begin{array}{l} x_i = l_i - \dfrac{l_i^3}{6R^2} \\ y_i = \dfrac{l_i^2}{2R} - \dfrac{l_i^4}{24R^3} \end{array}\right\} \tag{7-6}$$

公式（7-6）就是计算支距法测设元素的简化公式。

四、实验方法与步骤

切线支距法测设曲线，为了避免支距过长，一般由 ZY、YZ 点分别向 QZ 点施测。其测设步骤如下：

1. 从 ZY（或 YZ）点开始用钢尺或皮尺沿切线方向量取 P_i 的横坐标 x_i，得垂足 N_i。
2. 在各垂足 N_i 上用方向架定出垂直方向，量取纵坐标 y_i，即可定出 P_i 点。
3. 曲线上各点设置完毕后，应量取相邻各桩之间的距离，与相应的桩号之差作比较，且考虑弧弦差 δ_i 的影响，见公式（7-7）。若较差均在限差之内，则曲线测设合格；否则应查明原因，予以纠正。

$$\delta_i = l_i - c_i = \frac{l_i^3}{24R^2} \tag{7-7}$$

这种方法适用于平坦开阔的地区，具有操作简单、测设方便、测点误差不累积的优点，但测设的点位精度偏低。

五、注意事项

1. 本次实验可在实验十五的基础上进行，也可假定圆曲线半径 R 和路线转角 α，重新进行主点测设后进行。
2. 应在实验前计算全部测设数据，提高实验效率。
3. 计算曲线测设数据应多人同时计算，以便校核。

六、实验报告的格式及撰写要求

填写实验报告。

实验报告十六

日期： 班级： 组别： 姓名： 学号：

实验题目	圆曲线主点测设	成绩	
实验目的			

1. 导线转角观测

测站	盘位	目标	水平度盘读数 (° ′ ″)	半测回角值 (° ′ ″)	β 角值 (° ′ ″)	α 角值 (° ′ ″)
O	左	A				
		B				
	右	A				
		B				

2. 测设要素计算

3. 交点及主点桩号

	JD_2	K16.362
—)	T	
	ZY	
+)	L	
	YZ	
—)	$L/2$	
	QZ	
+)	$D/2$	
	JD_2	K16.362

4. 各中桩测设数据

桩号	曲线长（m）	x	y	备注

5. 绘图说明用切线支距法进行圆曲线中桩的测设方法

6. 实验总结

实验十七 偏角法测设圆曲线

一、实验目的
1. 掌握偏角法测设圆曲线的方法。
2. 掌握偏角法测设圆曲线测设数据的计算方法。

二、实验仪器
经纬仪1台、花杆3根、方向架1个、木桩6个、卷尺1把、测钎1束、斧子1把、记录板1块。

三、实验原理
偏角法是以圆曲线起点 ZY 或终点 YZ 至曲线任一待定点 P_i 的弦线与切线 T 之间的弦切角(这里称为偏角)Δ_i 和弦长 c_i 来确定 P_i 点的位置。

如图 7-5 所示,根据几何原理,偏角 Δ_i 等于相应弧长 l_i 所对的圆心角 φ_i 之半,即

$$\Delta_i = \frac{\varphi_i}{2} \tag{7-8}$$

代入式(7-5),则

$$\Delta_i = \frac{l_i}{R} \frac{90°}{\pi} \tag{7-9}$$

弦长 c_i 可按下式计算:

$$c_i = 2R\sin\frac{\varphi_i}{2} \tag{7-10}$$

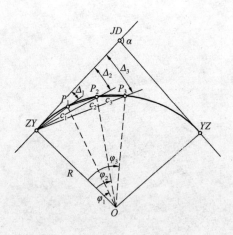

图 7-5 偏角法测设圆曲线

如将式(7-10)中的 $\sin\frac{\varphi_i}{2}$ 用级数展开,并以 $\varphi_i = \frac{l_i}{R}$ 代入,则

$$c_i = 2R\left[\frac{\varphi_i}{2} - \frac{\left(\frac{\varphi_i}{2}\right)^3}{3!} + \cdots\right]$$

$$= 2R\left(\frac{l_i}{2R} - \frac{l_i^3}{48R^3} + \cdots\right)$$

$$= l_i - \frac{l_i^3}{24R^2} + \cdots$$

弧弦差 $$\delta_i = l_i - c_i = \frac{l_i^3}{24R^2} \tag{7-11}$$

在实际工作中，弦长 c_i 可通过式（7-10）计算，亦可先按式（7-11）计算弧弦差 δ_i，再计算弦长 c_i。

四、实验方法与步骤

（1）将经纬仪置于 ZY 点上，瞄准交点 JD 并将水平度盘配置在 $0°00'00''$。

（2）转动照准部使水平度盘读数为桩 P_1 的偏角读数 Δ_1，从 ZY 点沿此方向量取弦长 c_1，定出 P_1。

（3）转动照准部使水平度盘读数为桩 P_2 的偏角读数 Δ_2，由桩 P_1 量整桩间距 l_0 与视线方向相交，定出 P_2。

（4）按上述方法定出 P_2 及 QZ 点，此时定出的 QZ 点应与主点测设时定出的 QZ 点重合，如不重合，其闭合差不得超过限差规定。

（5）将仪器移至 YZ 点上，瞄准交点 JD 并将度盘配置在 $0°00'00''$，重复工作（2）～（4），完成下半圆中桩的测设。

五、注意事项

1. 本次实验可在实验十五的基础上进行，也可假定圆曲线半径 R 和路线转角 α，重新进行主点测设后进行。

2. 应在实验前计算全部测设数据，提高实验效率。

3. 计算曲线测设数据应多人同时计算，以便校核。

4. 由于经纬仪水平度盘的注字是顺时针方向增加的，因此测设曲线时，如果偏角的增加方向与水平度盘一致，也是顺时针方向增加，称为正拨；反之称为反拨。对于右转角（本例为右转角），仪器置于 ZY 点上测设曲线为正拨，置于 YZ 点上则为反拨。对于左转角，仪器置于 ZY 点上测设曲线为反拨，置于 YZ 点上则为正拨。正拨时，望远镜照准切线方向，如果水平度盘读数配置在 $0°$，各桩的偏角读数就等于各桩的偏角值。但在反拨时则不同，各桩的偏角读数应等于 $360°$ 减去各桩的偏角值。

六、实验报告的格式及撰写要求

填写实验报告。

实验报告十七

日期：　　　　班级：　　　　组别：　　　　姓名：　　　　学号：

实验题目	圆曲线主点测设	成绩	
实验目的			

1. 导线转角观测

测站	盘位	目标	水平度盘读数 (° ′ ″)	半测回角值 (° ′ ″)	β角值 (° ′ ″)	α角值 (° ′ ″)
O	左	A				
		B				
	右	A				
		B				

2. 测设要素计算

3. 交点及主点桩号

	JD_2
－）	T
	ZY
＋）	L
	YZ
－）	$L/2$
	QZ
＋）	$D/2$
	JD_2

4. 各中桩测设数据

桩号	曲线长（m）	偏角	水平度盘读数	弦长	备注

5. 绘图说明用偏角法进行圆曲线中桩的测设方法

6. 实验总结

实验十八 带缓和曲线平曲线主点测设

一、实验目的
1. 掌握带缓和曲线平曲线测设要素及主点里程的计算方法。
2. 掌握带缓和曲线平曲线主点测设方法。

二、实验仪器
经纬仪 1 台、花杆 3 根、方向架 1 个、木桩 8 个、卷尺 1 把、测钎 1 束、斧子 1 把、记录板 1 块。

三、实验原理
1. 带缓和曲线平曲线具有五个主点，分别为 ZH、HY、QZ、YH、HZ，如图 7-6 所示。

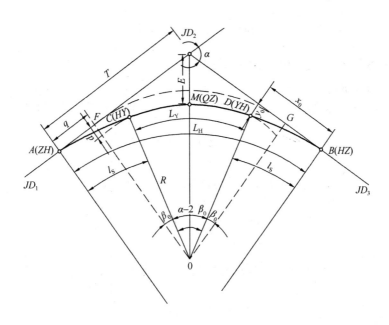

图 7-6 带有缓和曲线的平曲线

2. 平曲线测设要素的计算

平曲线测设元素可按公式（7-12）计算：

$$
\left.
\begin{aligned}
&\text{内移值} \quad p = \frac{l_s^2}{24R} \\
&\text{增长值} \quad q = \frac{l_s}{2} - \frac{l_s^3}{240R^2} \\
&\text{切线长} \quad T = (R+p)\tan\frac{\alpha}{2} + q \\
&\text{曲线长} \quad L = R(\alpha - 2\beta_0)\frac{\pi}{180°} + l_s \\
&\text{或者} \quad L = R\alpha\frac{\pi}{180°} + l_s \\
&\text{其中圆曲线长} \; L_Y = R(\alpha - 2\beta_0)\frac{\pi}{180°} \\
&\text{外距} \quad E = (R+p)\sec\frac{\alpha}{2} - R \\
&\text{切曲差} \quad D = 2T - L
\end{aligned}
\right\} \quad (7\text{-}12)
$$

式中，各参数的几何意义如图 7-6 所示。

3. 平曲线主点测设

根据交点的里程和平曲线测设元素，利用公式（7-13）计算主点里程。

$$
\left.
\begin{aligned}
&\text{直缓点} \quad ZH = JD - T \\
&\text{缓圆点} \quad HY = ZH + l_s \\
&\text{圆缓点} \quad YH = HY + L_Y \\
&\text{缓直点} \quad HZ = YH + l_s \\
&\text{曲中点} \quad QZ = HZ - \frac{L}{2} \\
&\text{交点} \quad JD = QZ + \frac{D}{2}（\text{校核}）
\end{aligned}
\right\} \quad (7\text{-}13)
$$

主点 ZH、HZ 和 QZ 的测设方法，与圆曲线主点测设相同。HY 和 YH 点可按式（7-14）计算，x_0、y_0 用切线支距法测设。

$$
\left.
\begin{aligned}
x_0 &= l_s - \frac{l_s^3}{40R^2} \\
y_0 &= \frac{l_s^2}{6R}
\end{aligned}
\right\} \quad (7\text{-}14)
$$

式中，x_0、y_0 为 YH（或 HY）点平面坐标，l_s 为缓和曲线长。

四、实验方法与步骤

1. 在实地定出路线导线的三个相邻交点 JD_1、JD_2、JD_3，并假设 JD_2 桩号为 K27.165，如图 7-6 所示，并分别用木桩标定其位置。导线边长宜大于 80m，$\beta \leqslant 160°$。

2. 在 JD_2 上安置经纬仪，用测回法测出 β，并用公式（7-15）计算出转角 α。同时用经纬仪设置 $\beta/2$ 的方向线，即 β 的角平分线方向。

$$\alpha = 180° - \beta \tag{7-15}$$

3. 假定圆曲线半径 R 与 l_s，根据 R、l_s 和 α，利用公式（7-13）计算曲线测设元素。

4. 利用公式（7-14）计算圆曲线主点里程桩号。

5. 平曲线主点测设

1）测设曲线起点（ZH）

将经纬仪置于交点 JD_2 上，望远镜照准后交点 JD_1 或此方向上的转点，自交点 JD_2 沿此方向量取切线长 T，即得圆曲线起点 ZH，插一测钎。然后用钢尺自 ZH 丈量至最近一个直线桩的距离，若两桩号之差等于所丈量的距离或相差在容许范围内，即可在测钎处打下 ZH 桩。若超出容许范围，应查明原因，以确保桩位的正确性。

2）测设曲线终点（HZ）

设置圆曲线终点时，将望远镜照准前交点 JD_3 或此方向上的转点，往返量取切线长 T，得圆曲线终点，打下 HZ 桩。

3）测设曲线中点（QZ）

设置圆曲线中点时，可自交点沿分角线方向量取外距 E，打下 QZ 桩。

4）HY（YH）点的测设

HY 和 YH 点可按式（7-14）计算，x_0、y_0 用切线支距法测设。

五、注意事项

1. 本次实验可假定圆曲线半径 R 在 120m 左右，$25° \leqslant \alpha \leqslant 40°$，各小组使用不同的 R、l_s 和 α 值。

2. 计算曲线测设要素和主点里程时应多人同时计算，以便校核。

3. 做好人员分工，提高实验效率。

六、实验报告的格式及撰写要求

填写实验报告。

实 验 报 告 十 八

日期：　　　　班级：　　　　组别：　　　　姓名：　　　　学号：

实验题目	带缓和曲线的平曲线主点测设	成绩	
实验目的			

1. 导线转角观测

测站	盘位	目标	水平度盘读数 (° ′ ″)	半测回角值 (° ′ ″)	β角值 (° ′ ″)	α角值 (° ′ ″)
O	左	A				
		B				
	右	A				
		B				

2. 测设要素计算

3. 推算交点及主点桩号

4. 绘图说明带缓和曲线的平曲线主点测设过程

实验十九 切线支距法测设带缓和曲线的平曲线

一、实验目的
1. 掌握切线支距法测设带缓和曲线的平曲线的测设数据计算方法。
2. 掌握切线支距法测设带缓和曲线的平曲线的方法。

二、实验仪器
经纬仪1台、花杆3根、方向架1个、木桩6个、卷尺1把、测钎1束、斧子1把、记录板1块。

三、实验方法与步骤

带缓和曲线的平曲线应首先进行主点测设，其主点测设方法与实验十八相同。用切线支距法带缓和曲线的平曲线的详细测设方法按照测设坐标系是否变换可分为两种。

1. 方法一

切线支距法是以直缓点 ZH 或缓直点 HZ 为坐标原点，以过原点的切线为 x 轴，过原点的半径为 y 轴，利用缓和曲线和圆曲线上各点的 x、y 坐标，分别从 ZH 和 HZ 向 QZ 测设曲线。

1) ZH 至 HY 段和 HZ 至 YH 段的测设

此两段均为缓和曲线，缓和曲线上各点的坐标可按缓和曲线参数方程式（7-16）计算，即

$$\left. \begin{array}{l} x = l - \dfrac{l^5}{40R^2 l_s^2} \\ y = \dfrac{l^3}{6R l_s} \end{array} \right\} \tag{7-16}$$

计算得到各中桩坐标后，按切线支距法测设。

2) HY 至 QZ 和 QZ 至 YH 段的测设

此段为圆曲线，圆曲线上各点坐标的计算，因坐标原点是缓和曲线起点，可先按圆曲线公式计算出坐标 x'、y'，再分别加上 q、p 值，即可得到圆曲线上任意一点 p 的坐标，计算见公式（7-17）。

$$\left. \begin{array}{l} x = x' + q = R\sin\varphi + q \\ y = y' + p = R(1-\cos\varphi) + p \end{array} \right\} \tag{7-17}$$

式中，$\varphi = \dfrac{l}{R} \cdot \dfrac{180°}{\pi} + \beta_0$，$l$ 为该点到 HY 或 YH 的曲线长，仅为圆曲线部分的长度，各参数的几何意义如图7-7所示。

在算出缓和曲线和圆曲线上各点的坐标后，即可按圆曲线切线支距法的测设方法进行设置。

2. 方法二

圆曲线上各点亦可以缓圆点 HY 或圆缓点 YH 为坐标原点用切线支距法进行测设。步骤如下：

（1）按照方法一中缓和曲线段测设方法测设 ZH 至 HY 段或 HZ 至 YH 段。

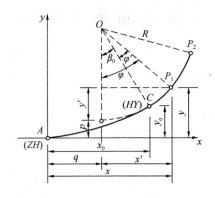

图 7-7 切线支距法计算图示

(2) 以 HY 或 YH 点为原点,将 HY 或 YH 点的切线定出,作为 x 坐标轴,从而建立新的坐标系。如图 7-8 所示,计算出 T_d 之长,HY 或 YH 点的切线即可确定。T_d 由下式计算:

$$T_d = x_0 - \frac{y_0}{\tan\beta_0} = \frac{2}{3}l_s + \frac{l_s^2}{360R^2} \qquad (7\text{-}18)$$

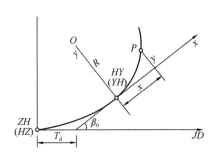

图 7-8 T_d 计算图示

(3) 在新建立的坐标系中,按照圆曲线切线支距法进行 HY 至 YH 段的测设。

四、注意事项

1. 曲线要素、主点桩号和各中桩的测设数据都应进行多方计算,多次复核,经计算复核无误后方可进行测设。
2. 曲线中桩的测设坐标应分段进行计算。
3. 在进行各项钢尺量距的过程中,尺身应保持水平。
4. 平曲线的闭合差不得超过以下限值:

半径方向:±0.1m;

切线方向:±(L/1000) m,L 为曲线长。

五、实验报告的格式及撰写要求

填写实验报告。

实 验 报 告 十 九

日期：　　　　班级：　　　　组别：　　　　姓名：　　　　学号：

实验题目	切线支距法测设带缓和曲线的平曲线	成绩	
实验目的			

1. 导线转角观测

测站	盘位	目标	水平度盘读数 (° ′ ″)	半测回角值 (° ′ ″)	β 角值 (° ′ ″)	α 角值 (° ′ ″)
O	左	A				
		B				
	右	A				
		B				

2. 计算测设要素

3. 计算交点及主点桩号

4. 各中桩测设数据

测段	桩号	曲线长（m）	x	y	备注
ZH~HY					

测段	桩号	曲线长（m）	x	y	备注
HY~QZ					
QZ~YH					
YH~HZ					

5. 绘图说明用切线支距法进行平曲线中桩的测设方法

6. 实验总结

实验二十　偏角法测设带缓和曲线的平曲线

一、实验目的
1. 掌握偏角法测设带缓和曲线的平曲线的测设数据计算方法。
2. 掌握偏角法测设带缓和曲线的平曲线的方法。

二、实验仪器
经纬仪1台、花杆3根、方向架1个、木桩6个、卷尺1把、测钎1束、斧子1把、记录板1块。

三、实验方法与步骤
带缓和曲线的平曲线应首先进行主点测设，其主点测设方法与实验十八相同。用偏角法测设带缓和曲线的平曲线的详细测设方法如下。

1. 测设 $ZH \sim HY$ 段

（1）在 ZH 点安置经纬仪，以 ZH 至 JD_2 的方向为起始方向，将该方向的水平度盘读数设置为 $00°00'00''$，如图7-9所示。

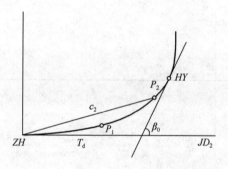

图7-9　$ZH \sim HY$ 段的测设

（2）拨 P_1 对应的偏角 Δ_1，即转动照准部找到 P_1 对应的水平度盘读数 Δ_1 或 $360°-\Delta_1$，得到 ZH 至 P_1 的方向，自 ZH 沿此方向量取对应的弦长 c_1 得 P_1 的桩位，打桩或用测钎标记。

（3）转动照准部找到 P_2 对应的水平度盘读数 Δ_2 或 $360°-\Delta_2$，得到 ZH 至 P_2 的方向，自 P_1 点量 P_1P_2 对应的弦长与此方向量交会得 P_2 的桩位，打桩或用测钎标记。

（4）按照（3）所述方法测设 $ZH \sim HY$ 段其余各中桩。

（5）转动照准部找到 HY 点对应的水平度盘读数 Δ_h 或 $360°-\Delta_h$，得到 ZH 至 HY 的方向，自 ZH 沿此方向量取对应的弦长 C_h 得 HY 点的桩位。

（6）丈量 HY 点与前一中桩之间的弦长进行校核，若误差超限，则应重测 $ZH \sim HY$ 段。

2. 测设 $HZ \sim YH$ 段

方法与测设 $ZH \sim HY$ 段类同,即在 HZ 点安置经纬仪,以 HZ 至 JD_2 的方向为起始方向,将该方向的水平度盘读数设置为 $00°00'00''$,P_n 方向的水平度盘读数应为 $360° - \Delta n$ 或 Δn。

3. 测设 $HY \sim YH$ 段

(1) 在 HY 点安置经纬仪,以 HY 至 ZH 的方向为起始方向,将该方向的水平度盘读数设置为 $180° - \frac{2}{3}\beta_0$ 或 $180° + \frac{2}{3}\beta_0$,此时,转动水平度盘,当度盘读数为 $00°00'00''$ 时的方向即为 HY 点的切线方向,如图 7-10 所示。

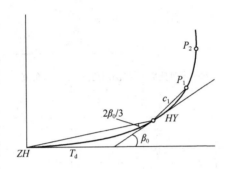

图 7-10 $HY \sim YH$ 段的测设

(2) 拨 P_1 对应的偏角 Δ_1,即转动照准部找到 P_1 对应的水平度盘读数 $360° - \Delta_1$ 或 Δ_1,得到 HY 至 P_1 的方向,自 HY 沿此方向量取对应的弦长 c_1 得 P_1 的桩位,打桩或用测钎标记。

(3) 转动照准部找到 P_2 对应的水平度盘读数 Δ_2 或 $360° - \Delta_2$,得到 HY 至 P_2 的方向,自 P_1 点量 P_1P_2 对应的弦长与此方向量交会得 P_2 的桩位,打桩或用测钎标记。

(4) 按照(3)所述方法测设 $HY \sim YH$ 段其余各中桩。当测至 QZ 点时,与主点测设方法测设的 QZ 点的位置进行比较,若误差超限,则应重测 $HY \sim YH$ 段。

(5) 目测平曲线总体线形是否顺适,并通过丈量弦长进行校核。

四、注意事项

1. 曲线要素、主点桩号和各中桩的测设数据都应进行多方计算,多次复核,经计算复核无误后方可进行测设。

2. 拨角时,应注意水平度盘读数与经纬仪盘位的关系。

3. 在进行各项钢尺量距的过程中,尺身应保持水平。

4. 平曲线的闭合差不得超过以下限值:

半径方向:± 0.1 m;

切线方向:$\pm (L/1000)$ m,L 为曲线长。

五、实验报告的格式及撰写要求

填写实验报告。

实验报告二十

日期：　　　　班级：　　　　组别：　　　　姓名：　　　　学号：

实验题目	偏角法测设带缓和曲线的平曲线	成绩	
实验目的			

1. 导线转角观测

测站	盘位	目标	水平度盘读数 (° ′ ″)	半测回角值 (° ′ ″)	β角值 (° ′ ″)	α角值 (° ′ ″)
O	左	A				
		B				
	右	A				
		B				

2. 计算测设要素

3. 计算交点及主点桩号

4. 各中桩测设数据

测段	桩号	曲线长（m）	偏角	水平度盘读数	弦长
ZH~HY					

测段	桩号	曲线长（m）	偏角	水平度盘读数	弦长
HY~QZ					
QZ~YH					
YH~HZ					

5. 绘图说明用切线支距法进行平曲线中桩的测设方法

6. 实验总结

第八部分　综合工程测量实习指导

第一节　测量教学实习的特点与实习方案的制订

一、测量教学实习的目的

测量教学实习是在学习测量学理论知识及课间测量基础实验的基础上，在确定的实习地点和某一段时间内集中进行的综合性测量实践教学活动。通过测量教学实习可以将已学过的测量基本理论、基本知识综合起来进行一次系统的实践，不仅可以巩固、扩大和加深学生从课堂上所学的理论知识，系统地掌握测量仪器操作、施测计算、地形图绘制等基本技能，获得测量实际工作的基本技能和初步经验，还可以了解基本测绘工作的全过程，使学生在业务组织能力和实际工作能力方面得到锻炼，提高学生的独立思考、相互协作和解决实际问题的能力。

二、测量教学实习的特点

测量教学实习是培养在校学生德、智、体全面发展的一个重要环节。测量教学实习在一定意义上是测量工作的预演和浓缩，因此，可以将其视为真正的实际测量工作来对待。测量工作具有精细、工作强度大、工作环境艰苦等特点，因而，在实习中除了要求学生牢固地掌握测量理论知识外，在测量实习时还必须具备和培养细心、团结协作、吃苦耐劳、独立完成任务的精神。

三、测量教学实习方案的制订

测量教学实习一般安排在学期末的前一两周（或新学期开学后的一两周）进行，这时学生的理论课基本结束，学生能全身心投入到实习中，以保证实习的效果和仪器的安全。

测量教学实习的地点可视学校具体情况而定。有校外测量实习基地的学校，可将测量教学实习的地点安排在该基地；也可以按"就地就近"原则在学校内或附近指定测区范围，作为测量教学实习的地点。

测量教学实习由所在院、系主管教学的领导负责，指导、协调、检查实习工作的落实情况。各个班级配备指导教师负责班级的实习工作。

测量教学实习以测量实习小组为单元，每个小组由 4~5 位同学组成，并选出小组长。

测量教学实习的内容主要是测量学的两大内容，即：大比例尺地形图的测绘和图上设计及其测设。

测量教学实习的工作种类分外业和内业两大类。

测量教学实习应根据测量教学的基本要求，结合测区的基本情况提前制订实习方案，预算实习经费上报审批。

测量实习方案的主要内容包括：实习班级名称；实习教师配备；实习时间；实习性质（教学实习或结合生产任务的实习）；实习地点；实习目的与要求；实习内容、方法与技术要求；实习程序和进度；实习中的注意事项；实习技术总结报告与成果的要求；实习的考核方法及成绩评定；参考书与资料。

四、测量教学实习的内容

测量教学实习的内容有：大比例尺地形图的测绘，地形图的判读，点位测设，线路测量或地质工程测量，成果整理、技术总结和考核工作。

1. 大比例尺地形图的测绘

本项内容包括：准备工作，控制测量，碎部测量，地形图的拼接、检查和整饰。

1）准备工作

准备工作的好坏是关系到测量教学实习是否能够顺利进行的关键条件之一，因此，应注意做好准备工作，为测量教学实习打好基础。准备工作主要指测区准备、仪器准备以及其他准备。测区准备一般在先期由教师进行，详述见本章第二节。

2）控制测量

根据测量工作的组织程序和原则知，进行任何一项测量工作都要首先进行整体布置，然后再分区、分期、分批实施。即首先建立平面和高程控制网，在此基础上进行碎部测量及其他测量工作。对控制网进行布设、观测、计算、确定控制点的位置的工作称为控制测量。在测量教学实习中的控制测量工作主要有：图根平面控制测量，图根高程控制测量。

3）碎部测量

碎部测量是测量教学实习的中心工作。通过碎部测量，把测定的碎部点人工展绘在图纸上，称为白纸测图。将碎部测量结果自动储存在计算机内，根据测站坐标及野外测量数据计算出碎部点坐标，利用计算机绘制地形图，即数字化测图。这两种方法都是测量教学实习中使用的主要的碎部测量方法。

4）地形图的拼接、检查和整饰

当测区面积较大，采用分幅测图时就需要进行图纸的拼接。拼接工作在相邻的图幅间进行，其目的是检查或消除因测量误差和绘图误差引起的、相邻图幅衔接处的地形偏差。如果实习属无图拼接，则可不进行此项工作。

为确保地形图的质量，在碎部测量完成后，需要对成图质量进行一次全面检查，分室内检查和室外检查两项。

以上工作全部完成后，按照大比例尺地形图规定的符号及格式，用铅笔对原图进行整饰，要求达到真实、准确、清晰、美观。

2. 地形图的判读

野外判读地形图，就是要将地形图上的地物、地貌与实地一一对应起来。内容包括地形图定向和读图。

1）地形图定向

在地形图上找到站立点的位置，再找一个距站立点较远的实地明显目标（如地物、山头、鞍部、控制点、道路交叉口等），并在图上找到该点，使图上与实地的目标点在同一方向上。

2）读图

读图的依据是地物、地貌的形状、大小及其相关位置关系。有意识地加强读图能力可为应用地形图和碎部测量创造良好的条件。

3. 路线测量

内容包括定线测量、中线测量、圆曲线测量、纵横断面测量等。

1) 定线测量

在地形图上设计出含有两个转折点的线路中线。根据中线附近的控制点和明显的地物点，采用直接定交点法，或其他方法放线。放线数据可用图解法或解析法求得。

2) 中线测量

根据设计意图和实际情况，中线测量可采用解析法、图解法和现场选线法，定出百米桩，并在地形变化点、地质变化点、人工建筑物等处加桩。中线定线可采用经纬仪或目测定向，桩点横向偏差应小于 5 cm。中线量距可用钢尺丈量两次，线路纵向相对误差应小于 1/1 000。

3) 曲线测设

首先计算圆曲线要素：切线长 T、曲线长 L、外矢距 E、曲线主点的里程。曲线计算中，角度取至分，距离取至厘米。

根据曲线要素，在实地定出曲线起点 ZY、中点 QZ、终点 YZ。测设方法可用偏角法、切线支距法等。折角可用 DJ_6 经纬仪观测一测回测定。曲线上中桩间距一般为 10～25m，曲线测设的纵向相对误差应小于 1/1 000，横向相对误差的限差为±7.5 cm。

4) 纵断面测量

一般以相邻两水准点为一测段，从一个水准点出发，逐个施测中间桩的地面高程，附合到另一个水准点上。中间桩高程取至厘米。相邻水准点高差与纵断检测的较差不应超过 2cm。

根据测得的各中间桩高程，可以绘制纵断面图。纵断面图常用的里程比例尺有 1:5 000、1:2 000、1:1 000，为显示出地面的起伏变化，高程比例尺取里程比例尺的 10 倍。

5) 横断面测量

在地面坡度变化较大的地方，每小组测 5～10 个中间桩的横断面。横断面的方向用方向架测定。断面方向上变坡点的距离和高差可用标杆皮尺法、斜距法或经纬仪视距法测定。横断面施测宽度视具体情况而定，一般自中线两侧各测 20～30m。

根据横断面测算成果绘制横断面图。横断面图的高差和距离比例尺相同，通常采用 1/200。

4. 实习成果整理、技术总结和考核

在实习过程中，所有外业观测数据必须记在测量手簿（规定的表格）上，如遇测错、记错或超限应按规定的方法改正；内业计算也应在规定的表格上进行。全部实习结束时，还要对测量实习进行技术总结报告。因此，在实习过程中应注意做好实习日志，为成果整理做好准备。实习成果由个人成果和小组成果构成。个人实习成果有：计算成果表及技术总结报告；小组成果有：仪器检校成果，控制测量观测记录手簿，成果计算表，碎部测量记录手簿，1:1000 比例尺地形图，线路纵、横断面测量记录计算表。

测量教学实习作为一门独立课程占有 2 个学分，故在实习结束后，应立即进行实习考核。考核的依据是：实习中的思想表现，出勤情况，对测量学知识的掌握程度，实际作业技能的熟练程度，分析问题和解决问题的能力，完成任务的质量，所交成果资料及仪器工具爱护的情况，实习报告的编写水平等方面。

成绩评定可以百分计，也可按优、良、中、及格、不及格计。
五、测量教学实习的程序和进度

测量教学实习的程序和进度应依据实际情况制订。既要保证在规定的时间内完成测量实习任务，又要注意保质保量地做好每一环节的工作，在实施中遇到雨、雪天气时，还要做到灵活调整，以使测量教学实习能够顺利进行。实习的程序和进度可参照表 8-1 安排。

测量教学实习程序进度表　　　　　　　　　　表 8-1

实习项目	时间	任务与要求
准备工作	1d	实习动员、布置任务 设备及资料领取 仪器、工具的检验与校正
图根控制测量	2d	测区踏勘、选点 水平角测量 边长测量 高程测量 控制测量内业计算
地形图测绘	4d	图纸准备 碎部测量 地形图的拼接、检查及整饰
地形图判读及应用	0.5d	地形图定向 读图
线路测量	5d	线路图上设计 定线测量 中线测量 圆曲线测设 纵横断面图绘制
实习总结及考核	1d	编写实习技术总结报告 考核：动手测试、笔试、口试
实习结束工作	0.5d	仪器归还、成果上交
合计	14d	—

第二节 测量教学实习的准备工作

一、测区的准备

测区的准备一般在测量实习之前由教师先行实施。在测量教学实习之前应对所选定的测区进行考察,全面了解测区的基本情况,并论证其作为测区的可行性。如果是结合生产任务的实习,还应确认测区是否满足测量实习的要求,并与生产单位签订测量实习协议书。

测区确定后,根据需要还应事先建立测区首级控制网,进行测区首级控制测量,以获得图根测量所需的平面控制点坐标及高程(已知数据)。将首级控制点的位置展绘在大图纸上,按测量教学实习要求进行地形图的分幅。如图 8-1 所示为某校实习基地控制点位分布及地形图的分幅图(图幅尺寸 200mm×200mm)。

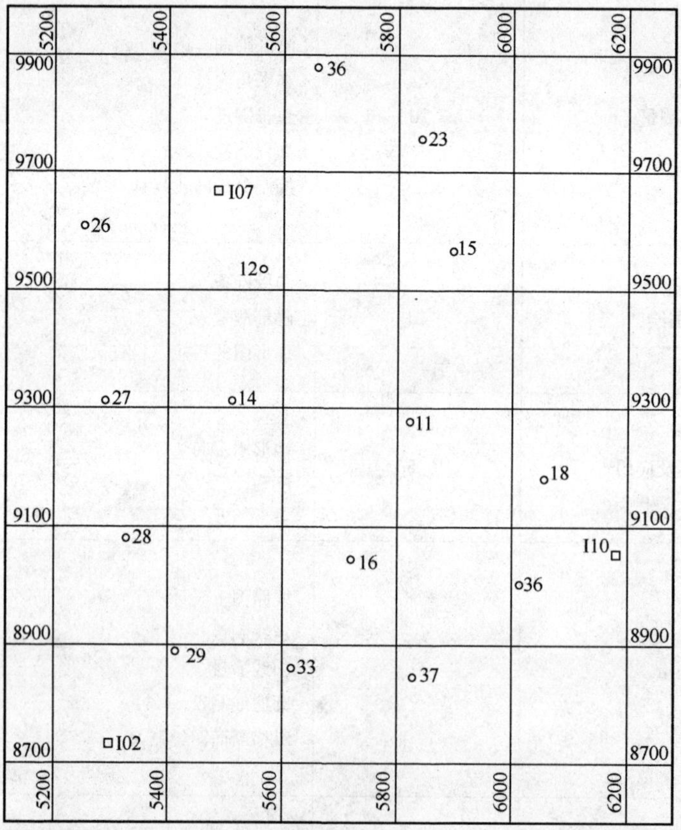

图 8-1 实习基地控制点位分布及地形图的分幅图

测区首级控制测量工作完成后,给各小组分发控制点成果表及测区地形图,为实习小组提供图根控制测量选点、测量、计算的依据。

二、测量实习动员

实习动员是测量教学实习的一个重要环节。因此,在进入实习场地前,应进行思想发动,对各项工作都必须作系统、充分的安排。

实习动员由院、系领导主持，以大会的形式实施动员。首先，在思想认识上让学生明确实习的重要性和必要性。第二，提出实习的任务和计划并布置任务，宣布实习组织结构，分组名单，让学生明确这次实习的任务和安排。第三，对实习的纪律作出要求，明确请假制度，清楚作息时间，建立考核制度。在动员中，要说明仪器、工具的借领方法和损耗赔偿规定。指出实习注意事项，特别是注意人身和仪器设备的安全，以保证实习的顺利进行。实习动员对整个实习的进行有很重要的作用，务必重视。

实习动员结束后，应安排专门的时间按小组进行测量规范的学习，并将测量规范内容列为考核内容。同时还要组织同学学习《测量实验、实习须知》，以保证在实习过程中严格执行有关规定。

三、测量实习仪器和工具的准备

1. 测量实习仪器和工具的领取

在测量教学实习中，要做各种测量工作，不同的工作往往需要使用不同的仪器。测量小组可根据测量方法配备仪器和工具。

在进行图根控制测量时，图根控制网原则上可采用经纬仪导线或经纬仪红外测距导线，以使同学们全面掌握导线测量的各个环节。碎部测量时，则可根据学校仪器设备的配置情况，采用数字测图的方法或经纬仪测图法。表8-2、表8-3给出了测量实习中一个小组需使用的仪器的参考清单。

经纬仪导线或红外线测距导线测量设备一览表　　　　表8-2

仪器及工具	数量	用途
测区原有地形图	1张	踏勘、选点、地形判读
控制点资料	1套	已知数据
木桩、小钉	各约6个	图根点的标志
斧头	1把	钉桩
红油漆	0.1L	标志点位
毛笔	1支	画标志
水准仪及脚架	1套	水准测量
水准尺	2根	水准测量
尺垫	2个	水准测量
经纬仪及脚架	1套	水平角测量
标杆	2根	水平角及距离测量
测钎	1套	水平角及距离测量
红外测距仪带脚架或钢尺	1套 1把	距离测量
反射棱镜带基座脚架	2套	距离测量
记录板	1块	记录
记录、计算用品	1套	记录及计算

经纬仪测图设备一览表　　　　表 8-3

仪器及工具	数量	用途
测区地形图	1张	地形判读、草图勾绘
聚酯薄膜	1张	地形图测绘底图
经纬仪及脚架	1套	碎部测量
皮尺	1把	量距、量仪器高
水准尺	2根	碎部测量
斧子、小钉	1把、若干	支点
记录用品	1套	记录及计算
平板带脚架	1套	绘图
30cm半圆仪	1个	绘图
三棱尺或复式比例尺	1个	绘图
三角板	1套	绘图
记录板	1块	记录
10件绘图仪	1套	绘图
60cm直尺或丁字尺	1根	绘制方格网
科学计算器	1个	计算
模板、擦图片、玻璃棒	各1个（块）	地形图整饰
铅笔、橡皮、小刀、胶带纸、小针、草图纸	若干	地形图测绘及整饰

2. 测量仪器检验与校正

借领仪器后，首先应认真对照清单仔细清点仪器和工具的数量，核对编号，发现问题及时提出解决。然后对仪器进行检查。

1）仪器的一般性检查

（1）仪器检查

仪器应表面无碰伤、盖板及部件结合整齐，密封性好；仪器与三脚架连接稳固、无松动。

仪器转动灵活，制、微动螺旋工作良好。

水准器状态良好。

望远镜对光清晰，目镜调焦螺旋使用正常。

读数窗成像清晰。

全站仪等电子仪器除上述检查外，还需检查操作键盘的按键功能是否正常，反应是否灵敏；信号及信息显示是否清晰、完整，功能是否正常。

（2）三脚架检查

三脚架是否伸缩灵活自如；脚架紧固螺旋功能正常。

(3) 水准尺检查

水准尺尺身平直；水准尺尺面分划清晰。

(4) 反射棱镜检查

反射棱镜镜面完整、无裂痕；反射棱镜与安装设备配套。

2) 仪器的检验与校正

仪器的检验与校正可参照教材中介绍的方法进行。

四、技术资料的准备

除了课本教材外，在测量实习中，所采用的技术标准是以测量规范为依据的。故测量规范是测量实习中指导各项工作不可缺少的技术资料。测量实习中所用到的规范见表8-4。

测量实习参考规范　　　　　　　　　　　　　　　　　表8-4

规范名称	出版地	出版单位	出版时间
《工程测量规范》(GB 50026—2007)	北京	中国建筑工业出版社	2007年
《1：500　1：1000　1：2000 地形图图式》(GB/T 20257.1—2007)	北京	中国标准出版社	2007年
《公路路线设计规范》(JTG D20—2006)	北京	人民交通出版社	2006年
《公路勘测规范》(JTG C10—2007)	北京	人民交通出版社	2007年

第三节　图根控制测量

各小组根据地形图的分幅图了解小组的测图范围、控制点的分布，在此基础上在小组的测图范围建立图根控制网。在建立图根控制时，可以根据测区高级控制点的分布情况，布置成附合导线、闭合导线。在有些情况下，也可以采用图根三角建立控制网，本章以图根导线为例，说明图根控制的建立方法。图根导线测量的内容分外业工作和内业计算两个部分。

一、图根导线测量的外业工作

1. 踏勘选点

各小组在指定测区进行踏勘，了解测区地形条件和地物分布情况，根据测区范围及测图要求确定布网方案。选点时应在相邻两点都各站一人，相互通视后方可确定点位。

选点时应注意以下几点：

(1) 相邻点间通视好，地势较平坦，便于测角和量边；

(2) 点位应选在土地坚实、便于保存标志和安置仪器处；

(3) 视野开阔，便于进行地形、地物的碎部测量；

(4) 相邻导线边的长度应大致相等；

(5) 控制点应有足够的密度，分布较均匀，便于控制整个测区；

(6) 各小组间的控制点应合理分布，避免互相遮挡视线。

点位选定之后，应立即做好点的标记，若在土质地面上可打木桩，并在桩顶钉小钉或划"十"字作为点的标志；若在水泥等较硬的地面上可用油漆画"十"字标记。在点标记旁边的固定地物上用油漆标明导线点的位置并编写组别与点号。导线点应分等级统一编号，以便于测量资料的管理。为了使所测角既是内角也是左角闭合导线点可按逆时针方向编号。

2. 平面控制测量

1) 导线转折角测量

导线转折角是由相邻导线边构成的水平角。一般测定导线延伸方向左侧的转折角，闭合导线大多测内角。图根导线转折角可用 6″级经纬仪按测回法观测一个测回。对中误差应不超过 3 mm，水平角上、下半测回角值之差应不超过 40″，否则，应予以重新测量。图根导线角度闭合差应不超过 $\pm 40''\sqrt{n}$，n 为导线的观测角度个数。

2) 边长测量

边长测量就是测量相邻导线点间的水平距离。经纬仪钢尺导线的边长测量采用钢尺量距；红外测距导线边长测量采用光电测距仪或全站仪测距。钢尺量距应进行往返丈量，其相对误差应不超过 1/3000，特殊困难地区应不超过 1/1000，高差较大地方需要进行高差的改正。由于钢尺量距一般需要进行定线，故可以和水平角测量同时进行，即可以用经纬仪一边进行水平角测量，一边为钢尺量距进行定线。

3) 连测

为了使导线定位及获得已知坐标需要将导线点同高级控制点进行连测。可用经纬仪按测回法观测连接角，用钢尺（光电测距仪或全站仪）测距。

若测区附近没有已知点，也可采用假定坐标，即用罗盘仪测量导线起始边的磁方位角，并假定导线起始点的坐标值（起始点假定坐标值可由指导教师统一指定）。

4) 高程控制测量

图根控制点的高程一般采用普通水准测量的方法测得，山区或丘陵地区可采用三角高程测量方法。根据高级水准点，沿各图根控制点进行水准测量，形成闭合或附合水准路线。

水准测量可用 DS_3 级水准仪沿路线设站单程施测，注意前后视距应尽量相等，可采用双面尺法或变动仪器高法进行观测，视线长度应不超过 100m，各站所测两次高差的互差应不超过 6mm，普通水准测量路线高差闭合差应不超过 $40\sqrt{L}$（或 $12\sqrt{N}$），式中 L 为水准路线长度的公里数，N 为水准路线测站总数。

二、图根导线测量的内业计算

在进行内业计算之前，应全面检查导线测量的外业记录，有无遗漏或记错，是否符合测量的限差和要求，发现问题应返工重新测量。

应使用科学计算器进行计算，特别是坐标增量计算可以采用计算器中的程序进行计算。计算时，角度值取至秒，高差、高程、改正数、长度、坐标值取至毫米。

1. 导线点坐标计算

首先绘出导线控制网的略图，并将点名点号、已知点坐标、边长和角度观测值标在图上。在导线计算表中进行计算，计算表格格式可参阅实验十。具体计算步骤如下。

1) 填写已知数据及观测数据
2) 计算角度闭合差及其限差

闭合导线角度闭合差：
$$f_\beta = \sum_{i=1}^{n}\beta - (n-2)\cdot 180°$$

测左角附合导线角度闭合差：
$$f_\beta = \alpha_{始} + \sum_{i=1}^{n}\beta_{左} - n\cdot 180° - \alpha_{终}$$

测右角附合导线角度闭合差：
$$f_\beta = \alpha_{始} - \sum_{i=1}^{n}\beta_{右} + n\cdot 180° - \alpha_{终}$$

图根导线角度闭合差的限差：
$$f_{\beta容} = \pm 40''\sqrt{n}$$

3) 计算角度改正数

闭合导线及测左角附合导线的角度改正数：
$$v_i = -\frac{f_\beta}{n}$$

测右角附合导线的角度改正数：
$$v_i = \frac{f_\beta}{n}$$

4) 计算改正后的角度

改正后角度：
$$\bar{\beta}_i = \beta_i + v_i$$

5) 推算方位角

左角推算关系式：
$$\alpha_{i,i+1} = \alpha_{i-1,i} \pm 180° + \bar{\beta}_i$$

右角推算关系式：
$$\alpha_{i,i+1} = \alpha_{i-1,i} \pm 180° - \bar{\beta}_i$$

6) 计算坐标增量

纵向坐标增量：
$$\Delta x_{i,i+1} = D_{i,i+1}\cdot \cos\alpha_{i,i+1}$$

横向坐标增量：
$$\Delta y_{i,i+1} = D_{i,i+1}\cdot \sin\alpha_{i,i+1}$$

7) 计算坐标增量闭合差

闭合导线坐标增量闭合差：
$$f_x = \Sigma\Delta x \qquad f_y = \Sigma\Delta y$$

附合导线坐标增量闭合差：
$$f_x = x_{起} + \Sigma\Delta x - x_{终} \qquad f_y = y_{起} + \Sigma\Delta y - y_{终}$$

8) 计算全长闭合差及其相对误差

导线全长闭合差：
$$f = \sqrt{f_x^2 + f_y^2}$$

导线全长相对误差：
$$k = \frac{f}{\sum D} = \frac{1}{\sum D/f}$$

图根导线全长相对误差的限差：
$$k_容 = \frac{1}{2000}$$

9）精度满足要求后，计算坐标增量改正数

纵向坐标增量改正数：
$$v_{\Delta x\ i,i+1} = -\frac{f_x}{\sum D} D_{i,i+1}$$

横向坐标增量改正数：
$$v_{\Delta y\ i,i+1} = -\frac{f_y}{\sum D} D_{i,i+1}$$

10）计算改正后坐标增量

改正后纵向坐标增量：
$$\overline{\Delta x}_{i,i+1} = \Delta x_{i,i+1} + v_{\Delta x_{i,i+1}}$$

改正后横向坐标增量：
$$\overline{\Delta y}_{i,i+1} = \Delta y_{i,i+1} + v_{\Delta y_{i,i+1}}$$

11）计算导线点的坐标

纵坐标：
$$x_{i+1} = x_i + \overline{\Delta x}_{i,i+1}$$

横坐标：
$$y_{i+1} = y_i + \overline{\Delta y}_{i,i+1}$$

2. 高程计算

先画出水准路线图，并将点号、起始点高程值、观测高差、测段测站数（或测段长度）标在图上。在水准测量成果计算表中进行高程计算，计算位数取至毫米位。计算表格格式可参阅实验二。计算步骤如下。

1）填写已知数据及观测数据

2）计算高差闭合差及其限差

闭合导线高差闭合差：
$$f_h = \sum h$$

附合导线高差闭合差：
$$f_h = H_起 + \sum h - H_终$$

普通水准测量高差闭合差的限差：
$$f_{h容} = \pm 40\sqrt{L}（平地）$$
$$f_{h容} = \pm 12\sqrt{N}（山地）$$

式中，$L(L = \sum l)$ 为水准测量路线总长（km）；$N(N = \sum n)$ 为水准测量路线测站总数;$f_{h容}$ 为限差(mm)。

3)计算高差改正数

高差改正数:

$$v_{i,i+1} = -\frac{f_h}{\sum n}n_{i,i+1} \text{ 或 } v_{i,i+1} = -\frac{f_h}{\sum l}l_{i,i+1}$$

4)计算改正后高差

改正后高差:

$$\overline{h}_{i,i+1} = h_{i,i+1} + v_{i,i+1}$$

5)计算图根点高程

图根点高程:

$$H_{i+1} = H_i + \overline{h}_{i,i+1}$$

三、方格网的绘制及导线点的展绘

在聚酯薄膜上,使用打磨后的5H铅笔,按对角线法(或坐标格网尺法)绘制20cm×20cm(或30cm×30cm)坐标方格网,格网边长为10cm,其格式可参照《地形图图式》。

坐标方格网绘制好后检查以下三项内容:①用直尺检查各格网交点是否在一条直线上,其偏离值应不大于0.2mm;②用比例尺检查各方格的边长,与理论值(10cm)相比,误差应不大于0.2mm;③用比例尺检查各方格对角线长度,与理论值(14.14cm)相比,误差应不大于0.3mm。如果超限,应重新绘制。

坐标方格网绘制好后,擦去多余的线条,在方格网的四角及方格网边缘的方格顶点上根据图纸的分幅位置及图纸的比例尺,注明坐标,单位取至0.1km。图8-2所示为绘制好的40cm×50cm图幅的方格网示意图。

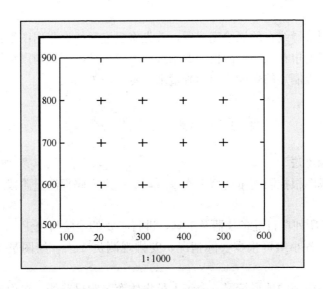

图8-2 图幅的方格网示意图

在展绘图根控制点时,应首先根据控制点的坐标确定控制点所在的方格,然后用卡规再根据测图比例尺,在比例尺(复式比例尺或三棱尺)上分别量取该方格西南角点到控制点的纵、横向坐标增量;再分别以方格的西南角点及东南角点为起点,以量取的纵向坐标增量为半径,在方格的东西两条边线上截点,以方格的西南角点及西北角点为起点,以量取的横向坐标增量为半径,在方格的南北两条边线上截点,并在对应的截点间连线,两条连线的交点即为所展控制点的位置。控制点展绘完毕后,应进行检查,用比例尺量出相邻控制点之间的距离,与所测量的实地距离相比较,差值应不大于 0.3mm,如果超限,应重新展点。在控制点右侧按图式标明图根控制点的名称及高程,如图 8-3 所示。

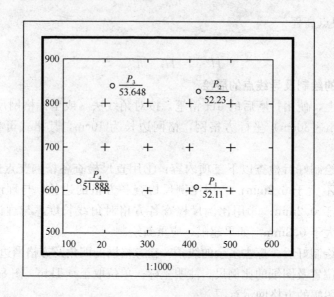

图 8-3 控制点展绘

方格网的绘制及导线点的展绘完成后,首先将浸泡后的大张白图纸裱糊在图板上,注意用卷成筒状的湿毛巾在裱糊在图板上的图纸面上擀,挤出图纸与图板间的空气,固定后晾干。然后将展有控制点的聚酯薄膜用胶带纸固定在白纸面上。

第四节 地形图测绘

一、经纬仪测绘法

各小组在完成图根控制测量全部工作以后,就可进入碎部测量阶段。

1. **任务安排**

(1) 按表 8-3 所列项目准备仪器及工具,进行必要的检验与校正。

(2) 在测站上各小组可根据实际情况,安排观测员 1 人,绘图员 1 人,记录计算 1 人,跑尺 1~2 人。

(3) 根据测站周围的地形情况,全组人员集体商定跑尺路线,可由近及远,再由远及近,按顺时针方向行进,合理有序,能防止漏测,保证工作效率,并方便绘图。

(4) 提出对一些无法观测到的碎部点处理的方案。

2. 仪器的安置

(1) 在图根控制点 A（图 8-4）上安置（对中、整平）经纬仪，量取仪器高 i，做好记录。

(2) 盘左位置望远镜照准控制点 B，如图 8-4 所示，水平度盘读数配置为 $0°00'00''$，即以 AB 方向作为水平角的始方向（零方向）。

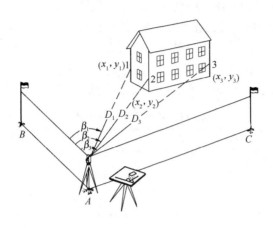

图 8-4　经纬仪测绘法

(3) 将图板固定在三脚架上，架设在测站旁边，目估定向，以便对照实地绘图。在图上绘出 AB 方向线，将小针穿过半圆仪（大量角器）的圆心小孔，扎入图上已展出的 A 点。

(4) 望远镜盘左位置瞄准控制点 C，读出水平度盘读数，该方向值即为 $\angle BAC$。用半圆仪在图上量取 $\angle BAC$，对两个角度进行对比，进行测站检查。

3. 跑尺和观测

(1) 跑尺员按事先商定的跑尺路线依次在碎部点上立尺。注意尺身应竖直，零点朝下。

(2) 经纬仪盘左位置瞄准各碎部点上的标尺，读取水平度盘读数 β；使中丝读数处在 i 值附近，读取下丝读数 b、上丝读数 a；再将中丝读数对准 i 值，转动竖盘指标水准管微倾螺旋，使竖盘指标水准管气泡居中，读取竖盘读数 L，做好记录。

(3) 计算视距尺间隔 $l=b-a$，竖直角 $\alpha=90°-L$ 或 $\alpha=L-90°$，用计算器计算出碎部点的距离 $\left(D=kl\cos^2\alpha\right)$ 及碎部点的高程 $\left(H=H_A+\dfrac{1}{2}kl\sin2\alpha\right)$，将水平角度值 β、距离、碎部点的高程报告给绘图员。

(4) 绘图员按所测的水平角度值 β，将半圆仪（大量角器）上与 β 值相应的分划线位置对齐图上的 AB 方向线，则半圆仪（大量角器）的直径边缘就指向碎部点方向，在该方向上根据所测距离按比例刺出碎部点，并在点的右侧标注高程。高程注记至分米，字头朝北。所有地物、地貌应在现场绘制完成。

(5) 每观测 20～30 个碎部点后，应重新瞄准起始方向检查其变化情况，起始方向读数偏差不得超过 $4'$。当一个测站的工作结束后，还应进行检查，在确认地物、地貌无测错或测漏时才可迁站。当仪器在下一站安置好后，还应对前一站所测的个别点进行观测，以检查前一站的观测是否有误。

4. 地物、地貌的测绘

绘图时应对照实地，边测边绘。

1) 地形图的拼接

由于对测区进行了分幅测图，因此在测图工作完成以后，需要进行相邻图幅的拼接工作。拼接时，可将相邻两幅图纸上的相同坐标的格网线对齐，观察格网线两侧不同图纸同一地物或等高线的衔接状况。由于测量和绘图误差的存在，格网线两侧不同图纸同一地物或等高线会出现交错现象，如果误差满足限差要求，见表8-5，则可对误差进行平均分配，纠正接边差，修正接边两侧的地物及等高线。否则，应进行测量检查纠正。

地物点位和等高线高程中误差　　　　表 8-5

地区类别	地物点中误差 (mm)	高程中误差（等高距）			
		平原区 (0°~2°)	丘陵区 (2°~6°)	山区 (6°~25°)	高山区 (25°以上)
城市建筑区	0.5	1/3	1/2	2/3	1
平原丘陵区	0.5				
山区高山区	0.75				

2) 地形图的整饰

地形图拼接及检查完成后就需要用铅笔进行整饰。整饰应按照：先注记，后符号；先地物，后地貌；先图内，后图外的原则进行。注记的字形、字号应严格按照《地形图图式》的要求选择。各类符号应使用绘图模板按《地形图图式》规定的尺寸规范绘制，注记及符号应坐南朝北。不要让线条随意穿过已绘制的内容。按照整饰原则绘制的地物和等高线在遇到已绘出的符号及地物时，应自动断开。

3) 地形图的检查

为了提交合格成果，地形图经过整饰后还需进行内业检查和外业检查。

(1) 内业检查。检查观测及绘图资料是否齐全；抽查各项观测记录及计算是否满足要求；图纸整饰是否达到要求；接边情况是否正常；等高线勾绘有无问题。

(2) 外业检查。将图纸带到测区与实地对照进行检查，检查地物、地貌的取舍是否正确，有无遗漏，使用图式和注记是否正确，发现问题应及时纠正；在图纸上随机地选择一些测点，将仪器带到实地，实测检查，重点放在图边。检查中发现的错误和遗漏，应进行纠正和补漏。

4) 成图

经过拼接、整饰与检查的图纸，可在肥皂水中漂洗，清除图面的污尘后，即可直接着墨，进行清绘后晒印成图。

第五节 路线设计与测量

一、定线

在地形图的测绘工作完成并得到合格的地形图后,就可以在地形图上适合的位置设计一条含有两个转折点的线路中线。根据技术标准和路线方案,结合地形、地质条件,从平、纵、横三个方面综合考虑,具体定出合理的路线。要求在平面上定出路线的交点、转点及现场定出平曲线半径,拟定桥涵及其他人工构造物的布设方案,拟定路线通过不良地质、水文地段的处理措施。对设计成果进行现场复查与核对,并作出修改和补充。也可以采用现场定线的方法,根据技术标准,结合地形、地质条件,在现场反复比较,利用旗杆、手水准、皮尺、量角圆盘等简单仪器,直接选定道路中线的交点、转点等。

二、测角

测量各路线交点的转角,拟定曲线半径、缓和曲线长,计算曲线测设要素,定出曲线中点方向桩,标定直线与转点的位置,路线磁方位角的观测与复核,测量两交点间的距离。测角一般测量路线交点右角,由右角计算转角。测角和计算方法详见第七部分。

三、中桩测量

中线丈量、钉设里程桩,选定平曲线要素,计算平曲线主点桩号,测设路线起点、终点、交点、转点、整桩、曲线主点桩以及加桩的位置,并进行路线描述与调查(占用土地、拆迁建筑物、电信设施、树木遮挡等)。平曲线的测设方法详见第七部分。

四、路线水准测量

路线水准测量主要为公路设计、施工提供高程依据,工作内容主要包括基平测量和中平测量两部分。基平测量目的是设置水准点并测量其高程,从而建立高程控制网,施测各水准点高程的方法详见实验十一。

中平测量主要是利用基平测量布设的水准点及高程,引测出各中桩的地面高程,作为绘制路线纵断面地面线的依据。

中平测量一般是以两相邻水准点为一测段,从一个水准点开始,逐个测定中桩的地面高程,直至闭合于下一个水准点上。在每一个测站上,除了传递高程,观测转点(ZD)外,应尽量多地观测中桩。相邻两转点间所观测的中桩,称为中间点,其读数为中视读数。由于转点起着传递高程的作用,在测站上应先观测转点,后观测中间点。转点读数至毫米,视线长不应大于150m,水准尺应立于尺垫、稳固的桩顶或坚石上。中间点读数可至厘米,视线也可适当放长,立尺应紧靠桩边的地面上。

如图8-5所示,水准仪置于1站,后视水准点BM_1,前视转点ZD_1,将读数记入表8-6后视、前视栏内。然后观测BM_1与ZD_1间的中间点K0+000、+020、+040、+060,将读数记入中视栏。再将仪器搬至2站,后视转点ZD_1,前视转点ZD_2,然后观测各中间点+080、+100、+120、+140,将读数分别记入后视、前视和中视栏。按上述方法继续前测,直至闭合于水准点BM_2。

中平测量只作单程测量。一个测段观测结束后,应计算测段高差$\Delta h_中$。它与基平所测测段两端水准点高差$\Delta h_基$之差,称为测段高差闭合差f_h。测段高差闭合差应符合中桩高程测量精度要求,否则应重测。中桩高程测量的精度要求,其容许误差:高速公路、一

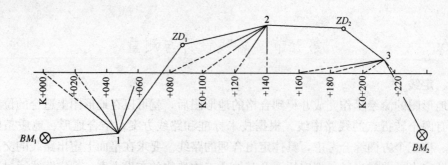

图 8-5 中平测量

级公路为 $\pm 30\sqrt{L}$；二级及二级以下公路为 $\pm 50\sqrt{L}$。中桩高程检测限差：高速公路、一级公路为 $\pm 5cm$；二级及二级以下公路为 $\pm 10cm$。中桩高程测量，对需要特殊控制的建筑物、铁路轨顶等，应按规定测出其标高，检测限差为 $\pm 2cm$。

中桩的地面高程以及前视点高程应按所属测站的视线高程进行计算。每一测站的计算按下列公式进行：

视线高程＝后视点高程＋后视读数
中桩高程＝视线高程－中视读数
转点高程＝视线高程－前视读数

中平测量记录表　　　　　　　　　　　　　表 8-6

测点	水准尺读数（m）			视线高程（m）	高程（m）	备注
	后视	中视	前视			
BM_1	1.986			480.679	478.693	
K0+000		1.62			479.059	
+020		1.90			478.779	
+040		1.56			479.119	
+060		1.84			478.839	
ZD_1	2.283		0.872	482.090	479.807	
+080		0.80			481.290	BM_1高程为基平所测
+100		0.50			481.590	基平测得 BM_2
+120		0.32			481.270	高程为 480.528m
+140		0.92			480.350	
ZD_2	2.185		2.376	481.899	479.714	
+160		1.20			480.699	
+180		1.01			480.889	
+200		1.66			480.239	
+220		1.37			480.529	
BM_2			1.387		480.512	

复核：$f_{h容} = \pm 50\sqrt{L} = \pm 50\sqrt{0.3} = \pm 27\text{mm}\ (L=0.3\text{km})$

$\Delta h_{基} = 480.528 - 478.693 = 1.835\text{m}$

复核：$\Delta h_{中} = 480.512 - 478.693 = 1.819\text{m}$

$\Sigma a - \Sigma b = (1.986 + 2.283 + 2.185) - (0.872 + 2.376 + 1.387) = 1.819\text{m} = \Delta h_{中}$

$\Delta h_{基} - \Delta h_{中} = 1.835 - 1.819 = 0.016\text{m} = 16\text{mm} < f_{h容}$，精度符合要求。

五、横断面测量

横断面测量主要为路基设计、路基土石方计算及施工放样提供各中桩的横断面地面线形状和位置。工作的主要内容是测绘路线各中桩横断面供设计、施工使用范围内的地面线。横断面测量要求现场边测边绘，便于及时核对。亦可采用现场记录、室内绘图的方式。测量方法主要有皮尺花杆法、水准仪测量法、经纬仪测量法等。横断面测量操作简单，工作量大，但测量成果的准确性对道路设计质量有重要影响。

第六节 测量教学实习的技术总结

测量教学实习是一项综合性的实践活动，在一定意义上测量教学实习又是实际测量工作的预演和浓缩。除了保质保量地进行前述各项工作外，做好测量教学实习的技术总结也是一个不可缺少的环节，它对于培养学生在今后的专业工作中撰写工作报告及技术总结有着不可估量的作用，也是提高学生实际工作能力的一个重要的方面。因此，必须做好测量教学实习的技术总结工作。

一、技术总结报告

测量教学实习结束后，每位同学都应按要求编写《测量实习技术总结报告》（见附件），其内容包括：

1. 项目名称，任务来源，施测目的与精度要求。
2. 测区位置与范围，测区环境及条件。
3. 测区已有的地面控制点情况及选点、埋石情况。
4. 施测技术依据及规范。
5. 施测仪器、设备的类型、数量及检验结果。
6. 施测组织、作业时间安排、技术要求及作业人员情况。
7. 仪器准备及检校情况。
8. 外业观测记录。
9. 观测数据检核的内容、方法。重测、补测情况，实测中发生或存在问题说明。
10. 图根控制网展点图。
11. 数字成图选用的软件及结果分析。
12. 建（构）筑物或线路等的图上设计。
13. 测设方案及测设数据的准备和计算。
14. 测设成果检查数据。
15. 成果中存在的问题及需说明的其他问题。
16. 测量教学实习中的心得体会。
17. 对测量教学实习实施的意见、建议。

二、上交成果

测量教学实习完成后，需上交实习成果。实习成果分小组成果和个人成果。

小组成果包括：

1. 测量任务书及技术设计书；
2. 控制网展点图；
3. 控制点点之记；
4. 观测计划；
5. 仪器检校记录表；
6. 外业观测记录，包括测量手簿、原始观测数据等；
7. 外业观测数据的处理及成果；
8. 内业成图生成的图纸、成果表和磁盘文件或经过整饰的实测的地形图；
9. 测设方案实施报告；
10. 成果检查报告；

个人成果包括：

《测量实习技术总结报告》。

三、成绩评定

实习考核由实习指导教师根据每组及每位同学所提交的实习成果的质量、实习期间的表现（包括出勤情况）、实习考查的成绩、实习纪律、仪器完好状况等综合评定，可按优、良、中、及格、不及格5级评分制评定成绩，也可按百分计。

附件

测量实习技术总结报告

系　　别：_____
专　　业：_____
学　　号：_____
姓　　名：_____
指导教师：_____
提交日期：_____

1. 项目名称，任务来源，施测目的与精度要求；
2. 测区位置与范围，测区环境及条件；
3. 测区已有的地面控制点情况及选点、埋石情况；
4. 施测技术依据及规范；
5. 施测仪器、设备的类型、数量及检验结果；
6. 施测组织、作业时间安排、技术要求及作业人员情况；
7. 仪器准备及检校情况；
8. 外业观测记录；
9. 观测数据检核的内容、方法，重测、补测情况，实测中发生或存在问题说明；
10. 图根控制网展点图；
11. 数字成图选用的软件及结果分析；
12. 建（构）筑物或线路等的图上设计；
13. 测设方案及测设数据的准备和计算；
14. 测设成果检查数据；
15. 成果中存在的问题及需说明的其他问题；
16. 测量教学实习中的心得体会；
17. 对测量教学实习实施的意见、建议。